网球教学训练体系构建与教学方法研究

杨亚慧 著

U0838553

中国商业出版社

图书在版编目(CIP)数据

网球教学训练体系构建与教学方法研究 / 杨亚慧著.
北京 ：中国商业出版社，2025. 7. -- ISBN 978-7-5208-3525-1

Ⅰ. G845.2

中国国家版本馆CIP数据核字第20253UW038号

责任编辑:管明林

中国商业出版社出版发行
（www.zgsycb.com　100053　北京广安门内报国寺1号）
总编室：010－63180647　编辑室：010－83114579
发行部：010－83120835/8286
新华书店经销
天津和萱印刷有限公司印刷

*

787毫米×1092毫米　16开　8.75印张　155千字
2025年7月第1版　2025年7月第1次印刷
定价：45.00元

* * * *

（如有印装质量问题可更换）

前 言

网球作为一项全球广泛普及的运动，不仅在竞技体育中占据重要地位，还在大众健身和休闲活动中扮演着不可或缺的角色。随着人们生活水平的提高和健康意识的增强，越来越多的人开始参与网球运动。然而，在网球运动的推广和普及过程中，教学训练体系的构建与教学方法的研究却相对滞后。因此，本书旨在探讨如何构建科学、系统的网球教学训练体系，并研究适合不同人群的教学方法，以推动网球运动的进一步发展。

网球教学训练体系的构建不仅涉及技术、战术的传授，还包括体能训练、心理辅导及比赛经验的积累等方面。在构建教学训练体系时，人们需要考虑不同年龄、不同水平及不同需求的学习者的特点，制订灵活多样的教学计划。采用科学、合理的训练方法，帮助学习者在掌握网球技术的同时提高他们的身体素质和心理素质。

本书从网球教学训练的生理学与心理学基础入手，梳理了网球教学训练体系构建框架和网球基本技术教学方法，并分析了网球战术教学方法和网球体能训练方法。希望通过本书的介绍，能够为读者在网球教学训练体系构建与教学方法研究方面提供帮助。

尽管在撰写本书时笔者力求完善，但出于各种主观和客观原因，本书仍存在一些问题，如对某些问题的研究还缺乏深度，限于篇幅原因对某些问题的论述展开得不够等。对此，笔者将在今后的研究中进一步完善，同时希望各位读者提出宝贵意见。

杨亚慧

2025 年 5 月

前言

目　录

第一章　网球教学训练的生理学与心理学基础

第一节　网球运动概述

一、网球运动的基本特点

（一）运动形式与技术要求

网球运动因其独特的运动形式和技术要求而著称。它不仅是一项需要高强度身体活动的运动，还是对运动员技术水平的严峻考验。网球运动要求运动员具备出色的速度、力量和耐力的同时，还需具备良好的协调性和平衡性，这些身体素质是运动员在比赛中能够发挥技术优势的基础。网球运动的技术要求包括发球、正手击球、反手击球、截击球和高压球等基本动作，每一个动作都需要运动员在高速运动中保持精准和稳定。掌握这些技术动作不仅需要长时间的训练和实践，还需要对每个动作的细节有深刻的理解和应用能力。

网球运动对身体素质的要求极为严格。运动员需要具备强大的下肢力量和核心肌群的稳定性，以支持快速地移动和转身。上肢力量和灵活性同样重要，因为它们直接影响击球的力量和精准度。耐力是网球运动员必备的素质之一，尤其是在长时间的比赛中，良好的耐力可以帮助运动员保持高水平的竞技状态。此外，反应速度和灵活性也是不可或缺的素质，网球运动员必须在瞬息万变的比赛中迅速作出反应，并根据对手的动作调整自己的战术。

在网球技术动作中，基础要素的掌握至关重要。发球是比赛的开始动作，要求运动员具备强大的爆发力和精准的控制力。正手击球和反手击球是网球运动的核心技术，运动员需要在高速移动中保持击球的稳定性和准确性。截击球和高压球则要求运动员在网前快速反应，并能有效地控制球的方向和速度。每一个动作都需要运动员具备良好的技术基础和丰富的比赛经验，以在比赛中灵活运用。

网球比赛的战术布局与策略是比赛胜负的关键因素。运动员需要根据对手的特点和比赛的进程，灵活调整自己的战术。常见的战术包括底线对抗、网前进攻和全场控制等，每一种战术都有其独特的优势和适用场景。运动员需要在比赛中不断观察和分析对手的弱点，并通过调整战术来占据比赛的主动权。战术的成功实施不仅依赖运动员的技术水平，还需要良好的心理素质和应变能力。

心理素质与应对能力在网球运动中十分重要。比赛中，运动员需要保持高度的专注力和稳定的情绪，以应对各种突发情况和压力。良好的心理素质可以帮助运动员在逆境中保持冷静，并有效地调整自己的状态。运动员需要具备快速适应比赛节奏和变化的能力，以及在关键时刻作出正确决策的能力。这些心理素质的培养需要长期的训练和比赛经验的积累。

网球运动的规则与裁判标准是比赛的基础。运动员需要熟悉比赛的规则，包括场地的划分、得分规则和发球顺序等。此外，裁判标准也是运动员需要了解的内容，以便在比赛中避免不必要的争议和失误。了解规则和裁判标准不仅有助于运动员在比赛中更好地发挥自己的水平，还能提高比赛的公平性和观赏性。

（二）比赛规则与战术特点

比赛规则与战术特点在网球运动中占据核心地位。网球比赛的规则不仅是对比赛过程的规范，还是对运动员战术选择的指导。了解比赛的分制与得分规则是每位运动员的基本功，这些规则不仅决定了比赛的节奏和进程，还在很大程度上影响着运动员的心理状态和战术安排。在网球比赛中，运动员需要根据对手的特点和比赛的实际情况灵活调整自己的战术，以争取最佳的比赛结果。

比赛分制与得分规则的理解是运动员提高比赛水平的基础。网球比赛通常采用局、盘、比赛三层次的分制，每层次的得分规则各有不同。局内得分采用15、30、40的计分方式，盘的胜负则取决于运动员赢得的局数，比赛的胜利者是赢得更多盘的运动员。运动员不仅需要熟悉这些规则，还需要在比赛中准确判断得分形势，制定相应的战术策略，以便在关键时刻作出正确的决策。

发球与接发球的战术选择直接影响比赛的进程和结果。发球是运动员在比赛中唯一不受对手直接影响的技术动作。因此，在发球时，运动员可以最大限度地发挥自己的技术特点和战术意图。接发球则要求运动员具备快速反应和灵活应变的能力。运动员需要根据对手的发球特点和场上局势，选择合适的接发球战术，以此来打乱对手的节奏，争取主动权。

场地布局对战术实施的影响是运动员在比赛中必须考虑的重要因素。网球场地的不同布局，如草地、硬地和红土场地，对球的弹跳和速度有不同的影响，这直接关系运动员战术的选择和实施。运动员需要根据场地的特点调整自己的战术打法，以发挥自己的技术优势，同时抑制对手的发挥。了解和适应不同类型场地的特点，是运动员在比赛中取得成功的关键之一。

不同类型比赛（单打、双打）的战术差异显著，运动员需要根据比赛类型调整战术策略。在单打比赛中，运动员主要依靠个人技术和战术意识，而双打比赛则更强调团队配合和默契。双打比赛中，运动员之间的配合、场地的覆盖以及战术的协调尤为重要。运动员需要具备良好的沟通能力和团队合作精神，以便在比赛中形成合力，击败对手。

（三）体能需求与运动强度

网球运动对运动员的体能需求是多方面的，主要包括耐力、力量、速度和灵活性等。这些身体素质的培养是运动员在比赛中应对各种情况的基础。耐力是网球运动员在长时间比赛中保持体能的关键，尤其是在长时间的拉锯战中，运动员需要具备持续的体能输出能力；力量为运动员提供了强有力的发球和击球能力；速度和灵活性确保运动员能快速反应和灵活移动，以应对对手的各种变化。体能需求不是单一的某一方面，而是多种素质的综合体现，只有在各方面均衡发展的情况下，运动员才能在比赛中表现出色。

网球比赛的运动强度具有显著的波动性，运动员需要在比赛中不断调整自己的状态，以应对不同阶段的挑战。发球和接发球是比赛中的高强度环节，运动员需要在短时间内爆发出最大的力量和速度。而在长时间的拉锯战中，运动员则需要保持耐力和稳定的表现。不同的比赛类型对体能的要求也有所不同。单打比赛中，运动员需要具备更强的耐力和爆发力，以应对长时间的体能消耗和高强度的对抗。而在双打比赛中，运动员更需要快速的反应速度和良好的配合能力，以应对快速变化的比赛节奏和对手的配合战术。

网球运动员的体能训练应根据比赛阶段进行科学的调整。在比赛前期，运动员需要建立坚实的基础体能，以备在比赛中消耗体能。而在比赛进行中，运动员需要保持最佳的竞技状态，确保在关键时刻能够发挥出最高水平。体能训练的调整不仅要考虑比赛的阶段性，还要结合运动员的个人特点和比赛的具体要求。通过科学的方法对运动员的体能需求进行评估，并制订个性化的训练计划，是提高运动表现的有效途径。只有通过系统的训练和科学的评估，运动员才能在比赛中发挥出最佳的体能水平。

二、网球运动的教学训练意义

（一）提高运动技能与竞技水平

网球作为一项全球广泛参与的运动，其教学训练的核心在于提高运动员的运动技能与竞技水平。通过系统化的训练计划，运动员可以在技术动作的精准性和稳定性上不断进步。训练不仅是技能的重复，还是对动作细节的不断优化，以提高击球的效率和准确性。利用这种方式，运动员能够在比赛中表现出色，展现出高水平的竞技能力。

在网球教学中，技术动作的规范化训练是提升运动技能的基础。通过科学的训练方法，教练可以帮助运动员掌握正确的握拍、挥拍和步伐技巧。这不仅提高了运动员的击球质量，还能有效地减少运动损伤的风险。规范化的技术训练要求运动员在每一次击球中都能保持一致的动作模式，从而在比赛中形成稳定的技术表现。

战术意识的培养是网球教学中不可或缺的一部分。通过对比赛录像的分析和模拟比赛的实践，运动员可以学习如何在比赛中灵活运用不同的战术策略。这包括对对手弱点的识别和利用，以及根据比赛进程调整自己的战术计划。良好的战术意识能够帮助运动员在比赛中占据主动，提高取胜的概率。

在网球比赛中，心理素质的强弱往往决定胜负。在教学训练中，教练需要通过心理训练帮助运动员提高抗压能力和专注度。这包括通过模拟比赛情境来训练运动员在高压下的表现，以及通过心理辅导帮助运动员建立积极的比赛心态。强化的心理素质使运动员能够在关键时刻保持冷静，从而在比赛中发挥出最佳水平。

（二）促进身体素质全面发展

网球运动不仅是一项竞技活动，还是一种促进身体素质全面发展的有效手段。通过网球运动，运动员可以在多方面提升身体素质，包括力量、耐力、灵活性和协调性等。网球比赛要求运动员在短时间内进行高强度的身体活动，这种特点使网球成为提高心肺功能和肌肉耐力的理想选择。此外，网球运动还强调上下肢的协调配合和身体的灵活性，这些因素共同作用，有助于全面提高运动员的身体素质。

网球运动对核心力量的要求极高，核心力量不仅支撑着运动员的基本动作，还在发力和稳定性中起着关键作用。训练方法包括核心肌群的专项训练，如平板支撑、俄罗斯转体等。这些训练可以显著提升运动员的力量输出和稳定性。在比赛中，强大的核心力量不仅提高了击球的力量和速度，还增强了运动员在场上的移动能力和抗疲劳能力，使其在高强度对抗中保持良好的竞技状态。

灵活性与协调性在网球运动中至关重要。网球运动要求运动员快速反应并进行多方向的移动，因此灵活性和协调性是决定胜负的关键因素之一。提升灵活性的策略包括动态拉伸和瑜伽练习，而协调性可以通过敏捷梯训练和跳绳等方法来提高。这些训练不仅提高了运动员的场上表现，还减少了受伤的风险，使运动员能够更自如地应对比赛中的复杂情况。

耐力训练是提升网球运动表现的基础，它直接影响运动员在比赛中的持续作战能力。实施方案包括有氧耐力和无氧耐力的结合训练，如间歇跑和长跑。这些训练方法有助于提高运动员的心肺耐力和肌肉耐力，使其能够在长时间的比赛中保持高水平的竞技状态。通过科学的耐力训练，运动员能够有效延长其体能的极限，提升比赛的持久性和稳定性。

力量训练在网球运动中的应用广泛而深入，其效果评估主要通过力量测试和运动表现的提升来进行。力量训练不仅增强了运动员的肌肉力量，还提高了其在比赛中击球的速度和力量。常用的力量训练方法包括重量训练和弹性训练，这些训练帮助运动员在比赛中更好地控制球拍，提高击球的准确性和威力。通过科学的力量训练，运动员的整体竞技水平得到显著提高。

（三）培养心理素质与团队意识

在网球教学训练中，培养心理素质与团队意识是至关重要的。这不仅有助于运动员在比赛中发挥最佳水平，还能在日常生活中促进个人成长。心理素质训练的重要性体现在它对运动表现的直接影响。运动员在高压环境下需要保持冷静和专注，这样才能作出最佳决策和动作。通过系统的心理训练，运动员可以提高自我控制能力，增强抗压能力，从而在比赛中更好地应对各种挑战。

团队合作在双打比赛中尤为重要。双打比赛要求队员之间有良好的沟通和默契的配合。策略的制定和执行需要双方的紧密合作，彼此信任和支持是成功的关键。在训练中，教练可以通过模拟比赛情境，帮助队员练习沟通技巧，提高策略制定和执行的能力。这样的训练不仅提升了运动表现，也增强了队员之间的信任和默契。

压力管理与情绪调节是心理训练的重要组成部分。在高强度的比赛中，运动员常常面临巨大的心理压力。通过科学的训练方法，如放松技巧、正念训练等，运动员可以有效管理压力，调节情绪，保持积极的比赛心态。这种能力不仅对比赛有益，也对运动员的心理健康有积极影响。

建立积极的团队文化与互信关系是团队成功的基石。在训练中，教练可以通过设定共同目标、鼓励开放的沟通和反馈，来促进团队成员之间的信任和合作。积极的团队文化能够增强队员的归属感和责任感，使他们在比赛中更加努力和投入。

三、网球教学训练的核心任务

（一）技术动作的规范与优化

在网球教学训练中，技术动作的规范与优化是提高运动员竞技水平的关键任务。技术动作的规范与优化不仅有助于提高运动员的动作效率，还能有效降低运动损伤的风险。通过科学的训练方法，运动员可以在技术动作的执行过程中达到最佳的身体协调性与力量输出。国内外的研究表明，技术动作的规范与优化是网球运动员在比赛中取得优异成绩的重要因素之一。因此，在训练中，教练需要严格把控每一个技术细节，确保运动员在学习和实践过程中形成正确的动作习惯。

网球技术动作的基本要素包括握拍、站位、挥拍和击球等。每一个要素都需要运动员具备良好的身体素质和技巧意识。例如，握拍的方式直接影响击球的力量和方向，而站位则决定了运动员能否迅速而准确地应对来球。挥拍和击球的动作需要运动员在短时间内完成一系列的肌肉协调动作，这对运动员的反应速度和协调能力提出了较高的要求。通过对技术动作基本要素的分析，教练可以更有针对性地进行训练指导，从而帮助运动员在技术层面上取得突破。

技术动作的规范化训练需要系统的训练方法和明确的步骤。首先，教练应通过示范和讲解，使运动员理解动作的要领与标准。其次，通过重复练习，运动员可以在实践中不断修正和完善自己的动作。视频反馈和动作分析软件的应用，可以帮助运动员直观地发现自己的动作缺陷，并加以改进。在训练过程中，循序渐进的训练计划和个性化的指导方案是实现动作规范化的有效途径。

不同水平的网球运动员在技术动作的掌握和优化上有着不同的需求。对于运动员，重点在于建立正确的动作模式和基本技术的掌握，而对于中高级运动员，则需要在速度、力量和精准度上进行更高层次的优化。教练应根据运动员的技术水平和身体条件，设计相应的训练方案，帮助他们在技术动作的细节上不断提升。通过个性化的训练策略，运动员可以在短时间内实现技术动作的质的飞跃。

建立有效的技术动作反馈机制是优化网球技术动作的重要手段。通过即时反馈，运动员可以在训练中快速调整动作，提高训练效率。现代科技的发展为反馈机制的建立提供了有力支持，如通过视频分析软件和传感器设备，教练可以实时监控运动员的动作表现，并给予及时的指导和建议。反馈机制的应用不仅能提高训练的效率，还能增强运动员的自我监控能力和技术意识。

（二）战术意识的培养与提升

战术意识在网球教学训练中占据重要地位，是提高运动员竞技水平的关键所在。战术意识的培养不仅需要扎实的理论知识，还需在实践中不断磨炼。通过系统的教学与训练，运动员能够在比赛中快速作出有效决策，从而提高比赛的胜率。培养战术意识是一个长期的积累过程，需要教练和运动员在训练中密切合作，逐步形成敏锐的战术直觉。

战术意识的基础知识包括对网球比赛规则、场地布局以及常见战术的理解。运动员需要掌握不同战术的应用场景及其优缺点，以便在比赛中灵活运用。通过对这些基础知识的深入理解，运动员可以在比赛中更好地预测对手的动作，并制定相应的策略。基础知识的掌握是战术意识提升的基石，是运动员在比赛中做到知己知彼的重要前提。

战术思维的培养旨在提高运动员在比赛中的分析和判断能力。通过模拟训练和实际比赛经验的积累，运动员能够在复杂的比赛环境中保持清晰的思路，并迅速作出合理的战术选择。战术思维的应用不仅体现在对比赛局势的判断上，还包括对自身能力的评估和对对手弱点的识别。培养战术思维需要长期的训练和实战积累，是提升战术意识的重要环节。

在比赛中，运动员需要具备实时分析比赛形势并进行战术调整的能力。这种能力要求运动员能够在激烈的比赛中保持冷静，迅速识别比赛中的关键变化，并根据实际情况调整战术策略。实时比赛分析是对运动员综合能力的考验，包括观察力、判断力和决策力的结合，是运动员在比赛中取得胜利的关键因素之一。

（三）体能训练的系统化安排

科学、合理的体能训练不仅能提升运动员的身体素质，还能为技术和战术的实施提供坚实的基础。在体能训练中，周期化安排与阶段性目标设定是实现系统化的关键。周期化训练理论强调通过不同训练阶段的合理安排，逐步提高运动员的体能水平。每个阶段都有特定的训练目标和内容，以实现体能的全面提升。通过科学的周期化安排，训练计划能够更好地适应运动员的生理节奏和训练需求，避免过度训练和训练不足的问题，从而有效增强训练效果。

针对不同运动员水平的个性化体能训练方案是体能训练系统化安排的重要组成部分。不同水平的运动员在体能、技术和心理等方面存在显著差异，因此需要根据其具体情况制订个性化的训练方案。这种个性化的训练方案不仅考虑运动员的当前体能水平，还要结合其发展潜力和训练目标。通过个性化的体能训练，能够更好地激发运动员的潜能，增强其在比赛中的竞争力。同时，个性化训练方案也有助于提高运动员的训练积极性和参与度，从而实现更好的训练效果。

综合性体能训练内容的设计是体能训练系统化安排的核心。综合性训练内容包括力量、速度、耐力与灵活性等多个方面的训练。这些训练内容的有机结合能够全面提升运动员的体能素质，增强其在比赛中的表现。力量训练可以提高肌肉的爆发力和耐力，速度训练能提升运动员的反应速度和动作敏捷性，耐力训练有助于提高运动员的持续作战能力，而灵活性训练则能增强其动作的协调性和柔韧性。通过综合性体能训练，运动员能够在比赛中更好地应对各种复杂的技术和战术要求。

体能训练中监测与评估方法的应用是调整训练计划的重要依据。通过科学的监测与评估，能够及时了解运动员的体能状态和训练效果，为训练计划的调整提供数据支持。现代体能训练中常用的监测与评估方法包括心率监测、乳酸检测、运动能力测试等。通过这些方法，教练可以准确把握运动员的训练负荷和恢复情况，及时调整训练强度和内容，以确保训练的有效性和安全性。科学的监测与评估能够帮助教练制订更为精准的训练计划，提高运动员的整体竞技水平。

第二节　网球运动中的能量代谢与供能特点

一、网球运动的能量代谢特点

（一）有氧代谢与无氧代谢的占比

在网球运动中，有氧代谢与无氧代谢的占比是影响运动员表现的关键因素。网球作为一项间歇性高强度运动，既需要有氧代谢为基础的持续供能，又依赖无氧代谢在高强度短时间活动中的快速供能。研究表明，网球比赛中约70%的能量来自有氧代谢，这为运动员在长时间比赛中提供稳定的能量支持。无氧代谢则占比约30%，在短时间内的爆发力和快速反应中发挥重要作用。这种代谢特点要求运动员在训练中兼顾耐力与爆发力的提高，以适应比赛的多变需求。

有氧代谢在网球运动中扮演着不可或缺的角色，其作用和重要性不容忽视。有氧代谢提供了持续的能量供应，帮助运动员在长时间比赛中保持体能和专注力。通过有氧代谢，肌肉能够以较低的强度进行长时间的工作，而不至于快速疲劳。这种代谢方式不仅支持运动员的耐力提升，还对心肺功能的改善有显著效果。因此，在网球训练中，发展有氧耐力是提高运动员整体表现的基础。

无氧代谢在网球运动中高强度短时间活动中的表现尤为突出。由于网球比赛中经常需要快速地起动、急停和转向，肌肉在瞬间需要大量能量来完成这些动作，而无氧代谢正是这种情况下的主要供能方式。无氧代谢通过分解肌肉中的糖原，快速产生能量，但同时会产生乳酸，导致肌肉酸痛和疲劳。因此，网球运动员需要通过训练提高无氧代谢效率，以增强短时间内的爆发力和快速反应能力。

比赛中有氧与无氧代谢的切换机制是网球运动员能否在比赛中保持良好状态的关键。网球比赛的间歇性特点要求运动员能够在不同强度的运动之间快速切换能量代谢方式。在通常情况下，运动员在低强度的持久性活动中以有氧代谢为主，而在高强度的短时间活动中则依赖无氧代谢。在训练中，运动员需通过模拟比赛情境，提高代谢切换的效率，从而在比赛中更好地调节体能和策略。

不同比赛阶段对有氧和无氧代谢的需求差异显著。比赛初期，运动员通常以有氧代谢为主，以保持较长时间的体能输出。然而，随着比赛的深入和节奏的加快，无氧代谢的贡献逐渐增加，尤其是在关键分的争夺中，无氧代谢的快速供能能力至关重要。因此，运动员在训练中需要针对不同比赛阶段进行有针对性的代谢训练，以提高比赛中的适应能力和表现。

能量代谢对网球运动员恢复的影响十分重要。比赛后，运动员的肌肉和能量储备需要迅速恢复，以备战下一场比赛。有效的能量代谢训练可以加速乳酸的清除和糖原的补充，从而缩短恢复时间。通过科学的恢复策略，结合营养补给和休息，运动员能够更快地恢复体能，保持良好的竞技状态。这种恢复能力的提升，对于频繁参赛的职业运动员尤为重要。

（二）间歇性高强度运动的能量需求

间歇性高强度运动在网球运动中扮演着重要角色，其能量需求具有独特性。在网球比赛中，运动员需要在短时间内反复进行高强度的爆发性动作，如快速冲刺、急停和转身，这些动作要求快速供能。由于 ATP - CP（三磷酸腺苷-肌酸磷酸）系统的快速供能特性，它成为网球运动中首要的能量来源。然而，当高强度动作持续时间延长或重复次数增加时，乳酸能量系统也被激活，为运动员提供额外的能量支持。这种能量代谢特点要求运动员具备良好的无氧耐力和快速恢复能力，以应对比赛中频繁的高强度需求。

间歇性高强度运动可以定义为在短时间内进行的剧烈运动，之后是短暂的休息或低强度运动。在网球比赛中，运动员需要在每一次击球之间迅速恢复体力，这种间歇性高强度运动的表现形式在比赛中尤为明显。运动员不仅需要在每个回合中爆发出最大的力量，还需要在极短的时间内恢复以应对下一个回合的挑战。这种运动形式要求运动员具备快速的能量代谢能力和良好的恢复机制，以确保在比赛中保持高水平的竞技状态。

间歇性高强度运动对能量代谢的影响机制复杂而多样。首先，它会导致体内乳酸堆积，进而影响肌肉的酸碱平衡和运动表现。其次，频繁的高强度运动会加速肌糖原的消耗，迫使身体动员脂肪酸氧化以补充能量。这种能量代谢的变化不仅影响运动员的体能表现，还对其训练计划的制订提出了更高的要求。通过合理的训练安排，运动员可以提高其能量代谢效率，延缓疲劳的出现，从而在比赛中保持最佳状态。

间歇性高强度运动对网球运动员体能训练的适用性体现在其对心肺功能和肌肉耐力的提高上。通过专门设计的间歇性训练，运动员可以增强其心血管系统的适应能力，提高氧气运输和利用效率。此外，这种训练还可以提高肌肉的耐力和抗疲劳能力，使运动员在比赛中能更持久地保持高水平的竞技状态。因此，间歇性高强度训练已成为网球运动员体能训练的重要组成部分。

设计有效的间歇性高强度训练方案以满足比赛需求是提升运动员竞技表现的关键。训练方案应根据运动员的个人能力和比赛特点进行个性化定制。一般而言，训练应包括多种强度和持续时间的练习，结合适当的恢复期，以提高运动员的无氧和有氧代谢能力。此外，在训练过程中应注重监控运动员的疲劳水平和恢复状态，以确保训练效果的最大化和运动员的健康。

间歇性高强度运动对提高网球运动员竞技表现的贡献不可忽视。通过系统化的训练，运动员不仅可以提高其爆发力和耐力，还能增强其在比赛中的专注力和反应速度。这种训练方法可以帮助运动员在比赛中更有效地应对频繁的高强度挑战，提高其整体竞技水平。因此，间歇性高强度训练已成为现代网球训练体系中的重要组成部分，对运动员的全面发展具有积极的推动作用。

（三）比赛中的能量消耗特点

在比赛过程中，运动员需要在短时间内进行高强度的间歇性运动，这种运动模式对能量代谢提出了特殊的要求。网球运动主要依赖磷酸原系统和糖酵解系统快速提供能量，同时通过有氧代谢持久供应能量。这种多元化的能量供应模式使网球运动员能够在比赛中持续进行高强度的对抗。这一特点要求运动员在训练中不仅要提高爆发力和速度，还需增强耐力，以适应比赛中不同阶段的能量需求。

比赛中能量消耗的动态特征尤为明显。随着比赛的进行，运动员的能量消耗会出现波动，这与比赛节奏、技术动作的变化密切相关。比赛初期，运动员通常会保持较高的能量输出以抢占先机，而随着比赛的深入，能量消耗会因体力下降和策略调整而发生变化。研究表明，运动员在比赛中需要根据实时的能量消耗情况调整战术，以保持最佳竞技状态。这种动态特征的分析对于制定合理的比赛策略和训练计划具有重要意义。

不同技术动作对能量消耗的影响不容忽视。在网球运动中，发球、正手击球、反手击球等动作各自具有不同的能量需求。发球动作通常需要较大的力量和速度，因而能量消耗较高，而反手击球则可能需要更多的技术和控制力。运动员在训练中需要针对不同动作进行专项训练，以提高能量利用效率。通过对技术动作能量消耗的深入分析，可以帮助运动员优化技术动作，减少不必要的能量浪费，从而提高整体比赛表现。

比赛节奏的变化对能量消耗的适应性提出了挑战。在比赛中，节奏的快慢变化会直接影响运动员的能量消耗和能力恢复。快速的比赛节奏通常会加速能量消耗，而较慢的节奏则可能提供短暂的恢复时间。因此，运动员需要具备良好的节奏适应能力，能够在不同节奏下保持稳定的能量输出。这种能力的培养需要通过科学的训练计划和比赛经验的积累来实现。

心理因素会对能量消耗产生间接影响。比赛中的心理压力、注意力集中与否等都会影响到运动员的体能表现。紧张的心理状态可能导致能量消耗的增加，而良好的心理调节能力则有助于提高能量利用效率。运动员在心理训练中需要加强自我调节能力，以在比赛中保持最佳的心理状态，从而间接优化能量消耗。

能量消耗与恢复策略之间的关系至关重要。合理的恢复策略可以有效缓解比赛中的疲劳，帮助运动员在短时间内恢复体力。科学的营养补给、适当的休息和心理放松都是有效的恢复手段。通过系统的恢复策略，运动员可以在比赛中保持较高的能量水平，从而提高整体竞技表现。这些策略的有效实施需要在日常训练中进行反复的实践和调整。

二、网球运动的供能系统分析

（一）磷酸原系统的供能特点

磷酸原系统是网球运动中最为关键的供能系统之一，其特点在于能够在短时间内迅速释放能量，为运动员提供即时的能量支持。这一系统主要依赖肌肉中储存的磷酸肌酸，通过快速分解提供 ATP（腺嘌呤核苷三磷酸），满足短时间内的高强度运动需求。在网球比赛中，运动员需要在短时间内进行快速移动和爆发性击球，磷酸原系统的快速供能特点使其成为支持这些动作的基础。

在短时间高强度运动中，磷酸原系统扮演着主导作用。在网球比赛中，运动员常常需要在几秒钟内完成一次快速冲刺或大力击球，这些动作都需要磷酸原系统提供的即时能量。由于其能量释放速度极快，磷酸原系统能够在运动员起动、加速和变向时提供强有力的支持。这种快速反应能力是网球运动中制胜的关键因素之一，尤其是在比赛的关键时刻，运动员需要依赖这一系统来维持高水平的竞技状态。

磷酸原系统的能量释放速度极快，能够支持运动员在场上的快速反应和动作转换。与其他供能系统相比，磷酸原系统能够在瞬间释放能量，这对于网球运动中频繁的起动和停顿尤为重要。运动员在比赛中需要不断调整位置和速度，磷酸原系统的快速供能特性使其能够在短时间内提供足够的能量支持，从而帮助运动员在场上保持敏捷性和反应速度。

然而，磷酸原系统的能量供给持续时间较短，通常只能维持几秒钟的高强度运动。尽管如此，在网球比赛中，这一系统的供能时间足以支持一个回合的快速击球和移动。运动员可以通过训练提高磷酸原系统的效率，从而在比赛中更好地利用其在短时间内的能量供给。此外，合理安排比赛节奏和休息时间，也有助于充分发挥磷酸原系统的作用。

磷酸原系统与其他能量供给系统之间存在相互作用，它们共同为网球运动提供全面的能量支持。虽然磷酸原系统在短时间高强度运动中占据主导地位，但在持续时间较长的比赛中，乳酸系统和有氧系统也发挥着重要作用。通过科学的训练和合理的能量系统调配，运动员可以在比赛中更好地利用各个能量系统的优势，提高整体竞技水平和持久力。

（二）糖酵解系统的供能特点

糖酵解系统在网球运动中具有独特的供能特点，主要负责提供中强度、短时间的能量供给。这一系统尤其适用于网球运动中快速反应与持续的技术动作。由于网球比赛常常需要运动员在短时间内进行高强度的动作，如快速的发球和接发球，糖酵解系统的快速能量释放能力显得尤为重要。它能够在短时间内提供足够的能量，使运动员在比赛中保持较高的竞技水平，尤其是在长时间的拉锯战中，糖酵解系统的供能效率直接影响运动员的表现。

糖酵解系统的能量释放速度较快，这一特点使其成为支持运动员在高强度比赛中维持竞技水平的关键因素。运动员在比赛中常常需要迅速转换动作，这对能量供给的速度提出了很高的要求。糖酵解系统能够在短时间内迅速提供能量，支持运动员完成高强度的发球、接发球等动作，确保他们在比赛中能够快速反应，保持技术动作的连贯性和稳定性。因此，糖酵解系统的有效利用在网球运动中至关重要。

在运动员的体能训练中，糖酵解系统的训练具有重要意义。通过特定的训练方法，运动员可以提高糖酵解系统的能量供给效率，从而增强整体运动表现。这种训练通常包括高强度间歇训练，旨在提高运动员的乳酸耐受能力和糖酵解效率。通过科学的训练计划，运动员能够更好地适应比赛中的高强度需求，提高比赛中的表现和体能恢复能力。

在网球运动中，糖酵解系统的有效利用与运动员的乳酸耐受能力密切相关。乳酸是糖酵解过程中产生的副产物，其积累会导致肌肉疲劳。因此，训练应侧重于提高运动员对乳酸积累的适应能力。通过合理的训练安排，运动员可以提高对乳酸的耐受能力，延缓疲劳的出现，从而在比赛中保持更长时间的高水平竞技状态。这种训练策略不仅有助于提高运动员的体能，还能增强他们在比赛中的心理耐受力，提升整体竞技表现。

（三）有氧氧化系统的供能特点

有氧氧化系统在网球运动中的供能特点主要体现在其持续提供能量的能力上。这一系统在长时间的比赛和训练中起着关键作用，使运动员能够在高强度活动后维持较长时间的竞技状态。网球比赛通常持续时间较长，尤其在高水平竞技中，运动员需要在多个回合的较量中保持稳定的体能状态。有氧氧化系统通过氧气参与的化学反应分解碳水化合物、脂肪和蛋白质，释放出能量。这一过程虽然能量释放速度相对较慢，但其供能的持续性使运动员在长时间的比赛中能够维持体力，避免因体能耗尽而导致的竞技水平下降。

在网球比赛的后期，有氧氧化系统的作用尤为重要。长时间的拉锯战对运动员的体能和精神都是巨大的考验，而有氧氧化系统的持续能量供给使运动员能够在比赛后期依然保持高水平的竞技状态。此外，这一系统能够有效清除运动过程中产生的乳酸。乳酸的积累是导致肌肉疲劳的重要原因之一，有氧氧化系统通过代谢乳酸，帮助运动员在比赛后快速恢复，降低疲劳感，从而提高整体运动表现。

针对有氧氧化系统的专项训练对于网球运动员的竞技水平提高具有重要意义。通过系统的训练，运动员可以显著提高心肺功能，增强耐力。这种训练不仅包括长时间的慢跑、游泳等有氧运动，还包括间歇训练，以提高心肺耐力和氧气利用效率。耐力的增强使运动员能够在比赛中更好地应对高强度的体能需求，尤其是在比赛进入胶着状态时，能够凭借良好的体能储备和快速的恢复能力，保持高水平的竞技状态，最终在激烈的对抗中占据优势。

（四）三大供能系统的协同作用

在网球运动中，供能系统的协同作用是确保运动员在不同强度和持续时间的比赛中保持最佳表现的关键因素。网球作为一种间歇性高强度运动，要求运动员在短时间内进行快速爆发和持续的体力输出。三大供能系统，即磷酸原系统、糖酵解系统和有氧氧化系统，各自发挥着独特的作用，同时又紧密配合，以满足运动员在比赛中的多样化能量需求。这种协同作用不再仅仅是生理机制的简单叠加，而是经过长期训练和适应性调整后形成的复杂动态平衡。

磷酸原系统在网球运动中尤为重要，因为它能够在短时间内为高强度爆发提供快速的能量支持。在比赛中，运动员常常需要在几秒钟内快速地冲刺、急停和变向，这些动作主要依赖磷酸原系统的供能能力。然而，由于磷酸原系统供能时间短暂，运动员必须借助糖酵解系统来支持中等强度的快速反应。糖酵解系统通过分解肌肉中的糖原，提供短时间内的持续能量，使运动员能够在比赛中进行多回合的快速进攻和防守。

有氧氧化系统在比赛的后期发挥关键作用。随着比赛的进行，尤其是在长时间的拉锯战中，运动员的体能消耗巨大，有氧氧化系统通过持续的能量供应，帮助运动员维持体力，减少疲劳感。这种持久的能量支持不仅有助于运动员在比赛后期保持高水平的竞技状态，还能提高其在比赛中的耐力和恢复能力。通过有氧氧化系统的有效运行，运动员能够在长时间的比赛中保持清晰的战术思维和良好的技术动作执行。

三、能量代谢与训练负荷的关系

（一）训练强度对能量代谢的影响

训练强度直接影响网球运动员的有氧与无氧代谢比例，适当的训练强度可促进能量系统的有效切换。在网球运动中，运动员需要在短时间内进行高强度的爆发性动作，同时需在较长时间内保持体能，因此有氧与无氧代谢的平衡至关重要。适当的训练强度可以帮助运动员在这两种代谢方式之间灵活切换，从而在比赛中有较好的表现。通过科学的训练安排，运动员能够在有氧能力和无氧耐力之间找到最佳平衡点，进而提高整体竞技水平。

高强度训练能够增强运动员的乳酸耐受能力，从而提高在比赛中对高强度短时间活动的适应性。乳酸是无氧代谢的产物，通常在高强度运动中积累，导致肌肉疲劳。然而，经过系统性的高强度训练，运动员的身体可以更有效地清除乳酸，延缓疲劳的到来。这种适应性对网球运动员尤为重要，因为比赛经常需要在短时间内进行多次高强度的冲刺和击球动作。因此，通过提高乳酸耐受能力，运动员可以在比赛的关键时刻保持更好的竞技状态。

在不同训练强度下，运动员的能量消耗特征会发生变化，需根据训练目标调整强度以优化能量利用。在低强度训练中，身体主要依靠脂肪作为能量来源，而高强度训练则更多依赖糖原。因此，为了实现特定的训练目标，教练需要根据运动员的具体情况调整训练强度。例如，若目标是提高耐力，则应增加有氧训练的比例；而若目标是提高爆发力，则应增加无氧训练的强度。通过合理的训练强度安排，运动员可以更有效地利用体内储存的能量，增强训练效果。

训练强度的变化会影响运动员的恢复能力，在适当的高强度训练后需要合理安排低强度恢复训练以促进能量补充。高强度训练虽然能显著提高竞技能力，但也会导致运动员体内能量储备的快速消耗。因此，在高强度训练后，安排低强度的恢复训练是必要的，以帮助身体重新补充能量并修复受损的肌肉组织。这种训练安排不仅有助于增强训练效果，还能有效降低运动损伤的风险，确保运动员的长期健康发展。

（二）训练量对能量代谢的影响

训练量对能量代谢的影响在网球运动中表现得尤为明显。训练量的增加能够显著提高网球运动员的有氧代谢能力，从而增强其耐力和持久力。这是因为在持续的训练过程中，运动员的心肺功能得到改善，肌肉中线粒体的数量和功能也得到增强，使氧气的利用效率提高。此外，适当的训练量不仅能改善有氧代谢，还能促进无氧代谢的适应性。这种适应性在高强度短时间活动中尤为重要，能够提高运动员在比赛中的爆发力和速度。

在网球训练中，训练量的变化直接影响运动员的能量消耗特征。合理的训练量设计有助于优化体能表现，确保运动员在比赛中能够发挥最佳水平。过高的训练量可能导致过度训练，能量代谢失衡，从而影响运动员的竞技状态和恢复能力。相反，过低的训练量则可能无法提供足够的刺激，导致体能水平的停滞或下降。因此，科学合理地设计训练量是优化能量代谢的关键。

不同类型的训练量安排应结合运动员的个体差异，以实现最佳的能量代谢效果和竞技水平提高。每位运动员的身体条件、训练背景和适应能力各不相同，这就要求教练在制订训练计划时，充分考虑这些个体差异，以便量身定制训练方案。通过对训练量的精确控制和调整，教练可以帮助运动员在能量代谢方面获得最佳的适应效果，从而在比赛中脱颖而出。合理的训练量不仅能提高运动员的竞技表现，还能有效降低受伤风险，延长运动生涯。

（三）能量代谢与疲劳恢复的关系

能量代谢是指机体在运动过程中通过一系列生化反应产生和消耗能量的过程，疲劳恢复则涉及机体在运动后恢复到正常状态的能力。不同的能量系统，如磷酸原系统、乳酸能量系统和有氧能量系统，在疲劳恢复中扮演着不同的角色。磷酸原系统能够快速提供能量，但恢复速度也较快；乳酸能量系统需要较长时间来清除乳酸；有氧能量系统在长时间运动中提供持续能量，并在恢复中帮助清除代谢废物。这些系统的协同作用对于运动员的疲劳恢复至关重要。

能量代谢的恢复过程直接影响运动员的疲劳状态。具体而言，运动后能量储备的快速恢复有助于减少疲劳感，提升运动表现。不同能量系统在恢复过程中的作用各异，磷酸原系统的快速恢复对于短时间高强度运动至关重要，而有氧系统则在长时间运动后的恢复中发挥重要作用。通过科学的训练计划和合理的恢复策略，可以有效地优化能量代谢的恢复过程，从而提高运动员的耐力。

适当的营养补充是能量代谢恢复的重要环节。碳水化合物和蛋白质在恢复中的角色尤为关键。碳水化合物能够快速补充肝糖原和肌糖原储备，提高运动后的恢复效率；蛋白质则参与肌肉修复和合成，有助于减少肌肉损伤和疲劳感。合理的营养补充不仅能加速能量代谢的恢复，还能增强运动员的体能和抗疲劳能力。因此，在训练和比赛后，科学合理的饮食计划对于优化能量代谢恢复至关重要。

心理因素对能量代谢恢复的影响不可忽视。运动员的心理状态直接影响其身体的恢复能力。积极的心理状态能够增强运动员的恢复动力，提高身体机能的恢复效率，而消极的心理状态则可能延缓恢复过程，增加疲劳感。因此，运动员在训练和比赛中，不仅需要关注身体的恢复，还应重视心理调适，通过心理训练和放松技术，增强整体恢复效果。

第三节　网球运动对神经系统和运动系统的影响

一、网球运动对神经系统的影响

（一）神经肌肉协调性的提升

网球运动通过一系列复杂的技术动作和战术要求，对运动员的神经肌肉协调性提出了较高的要求。神经肌肉协调性在网球运动中被定义为神经系统与肌肉系统之间的协同工作能力，是运动员在快速变化的比赛环境中保持动作流畅和精准的关键因素。通过不断的训练和实践，运动员可以显著提升其神经肌肉协调性，从而在比赛中取得更好的表现。

在网球训练中，反复练习是提高运动员反应速度和准确性的有效方法。通过高频率的击球练习和模拟比赛情境，运动员能够在短时间内形成肌肉记忆，进而提高其在球场上的反应能力。这种训练不仅增强了运动员对球速和球路变化的适应能力，同时也提高了他们在紧张比赛条件下的决策速度和准确性。

不同技术动作对神经肌肉协调性有着不同的要求，因此针对这些动作的训练方法也各不相同。比如，正手击球需要强调手眼协调和下肢发力的同步性，而反手击球则更注重上半身的旋转和稳定性。通过有针对性的训练，运动员可以逐步掌握这些技术动作的精髓，提高整体协调性。

神经肌肉协调性与运动表现之间存在密切关系。高水平的神经肌肉协调性不仅能够帮助运动员在比赛中完成复杂的技术动作，还能在激烈对抗中保持身体的平衡和稳定。这种能力的提升直接反映在运动员的比赛成绩和竞技状态中，是衡量其综合实力的重要指标。

针对不同水平运动员的个性化协调性训练方案是提升神经肌肉协调性的有效途径。运动员可以通过基础动作的重复练习来建立基本的协调能力，而高级运动员则需要通过复杂动作组合和高强度的对抗训练来进一步提升其协调性。个性化的训练方案能够最大限度地发挥运动员的潜力，帮助他们在比赛中实现最佳表现。

（二）反应速度与决策能力的优化

反应速度在网球中的定义可以理解为运动员从感知到反应之间所需的时间。在比赛中，快速的反应速度能够帮助运动员更迅速地应对对手的击球，提高击球的准确性和有效性。反应速度的重要性不仅体现在接发球阶段，还在于整个比赛过程中对多变球路的快速适应。通过系统的训练，运动员可以缩短神经传导时间，增强肌肉的快速反应能力，从而在比赛中占据主动。

影响反应速度的生理因素主要包括神经传导速度、肌肉纤维类型以及运动员的专注力。训练方法多样，包括敏捷性训练、快速反应训练和神经肌肉协调训练等。敏捷性训练可以通过锥形跑、变向跑等方式进行，以提高运动员的反应速度和灵活性。快速反应训练则可通过使用反应球或光电设备进行，增强运动员的瞬时反应能力。神经肌肉协调训练则侧重于提高运动员的整体协调性和肌肉反应速度。

决策能力在网球比赛中非常关键，它包括信息的快速分析、战术选择和执行能力。决策能力的构成要素涉及感知能力、记忆力、判断力和执行力。在比赛中，运动员需要在瞬息万变的环境中快速作出判断，选择最佳的击球策略。良好的决策能力能够帮助运动员在比赛中更好地控制比赛节奏，掌握战术主动权。

提高决策能力的训练策略包括模拟比赛情境、战术演练和心理训练。模拟比赛情境可以帮助运动员适应比赛压力，提升临场决策能力。战术演练则通过反复练习特定战术，增强运动员在实战中的执行能力。心理训练则通过冥想、放松训练等方式，提高运动员的专注力和心理韧性，从而在比赛中作出更冷静和准确的决策。

反应速度与决策能力的相互关系直接影响运动员的竞技表现。快速的反应速度为高效的决策提供了基础，而良好的决策能力则能够优化反应速度的应用。在高水平的网球比赛中，运动员不仅需要快速的反应速度，还需具备优秀的决策能力，以便在复杂的比赛环境中作出最佳选择。通过综合训练，运动员可以在提高反应速度的同时，增强决策能力，从而在比赛中获得更好的竞技表现。

（三）运动技能自动化的形成

运动技能自动化的形成是指在经过大量练习后，运动员能够在不需要集中注意力的情况下，流畅地完成复杂的技术动作。这个过程在网球训练中尤为重要，因为网球是一项需要快速反应和精确动作的运动。运动技能自动化不仅提高了运动员的技术水平，还能在比赛中减少因紧张或疲劳带来的失误。自动化技能的形成，使运动员能够将更多的注意力放在战术决策上，从而提高比赛的成功率。

运动技能自动化的定义及其在网球训练中的重要性体现在多个方面。首先，运动技能自动化使运动员在比赛中能够更快地作出反应，从而提高比赛节奏。其次，它有助于减少运动员的认知负荷，使他们能够在高压环境中保持冷静和专注。运动技能自动化的形成过程是一个复杂的神经适应过程，需要通过系统的训练和科学的指导来实现。通过对运动技能自动化的理解，教练可以更有效地设计训练计划，帮助运动员在比赛中发挥最佳水平。

运动技能自动化形成的生理基础与神经适应机制是一个涉及多种因素的综

合过程。神经系统在这一过程中扮演着关键角色，尤其是大脑皮层和小脑的协同作用。运动技能自动化涉及神经元的塑性变化和突触的重组，这些变化使神经信号的传递更加高效。通过重复练习和情境模拟，运动员能够不断强化神经通路的连接，从而加速运动技能自动化进程。这一过程需要科学的训练方法和合理的训练负荷，以避免过度训练带来的负面影响。

通过重复练习与情境模拟促进运动技能自动化的策略是实现运动技能自动化的有效途径。在网球训练中，教练应设计多样化的练习内容，以提高运动员的技术适应性和应变能力。情境模拟训练可以帮助运动员在模拟比赛环境中练习技能，从而提高比赛中的表现。此外，利用视频分析和数据反馈可以帮助运动员更好地理解和改进自己的技术动作，从而加速运动技能自动化的进程。

运动技能自动化对比赛表现的影响及其评估方法是衡量运动员训练效果的重要手段。在比赛中，运动员的表现不仅取决于其技术水平，还受到心理因素的影响。运动技能自动化的形成能够帮助运动员在比赛中保持稳定的技术发挥，从而提高比赛成绩。评估运动技能自动化的常用方法包括技术动作分析、比赛数据统计以及心理状态评估等。通过综合评估，教练可以为运动员制订更有针对性的训练计划。

二、网球运动对运动系统的影响

（一）骨骼系统的适应性变化

网球运动对骨骼系统的适应性变化具有显著的促进作用。长期参与高强度的网球训练可以有效增加骨骼的矿物质含量，从而提高骨密度。这种变化不仅增强了骨骼的物理强度，还在一定程度上降低了骨质疏松的风险，尤其对中老年人群具有重要的健康意义。研究表明，网球运动中频繁的冲击和负重训练能够刺激骨细胞的活性，使骨骼在适应性重塑过程中更加坚固和富有弹性。

网球运动中的反复冲击和负重训练对骨骼的强度和韧性有显著的增强作用。通过这种训练方式，运动员的骨骼健康得到改善，能够更好地承受运动带来的各种物理压力。这种适应性不仅有助于提高运动表现，还能有效降低运动损伤的发生概率。骨骼系统的健康是运动员长久保持高水平竞技状态的重要基础。

长期参与网球运动对骨骼的生长与发育具有积极影响，尤其是在青少年时期，这种影响尤为显著。青少年正处于骨骼快速生长的关键阶段，网球运动提供的多方向运动模式和适度的负荷刺激，有助于骨骼结构的优化和成熟。参与网球运动的青少年在骨骼密度和结构方面往往优于不参与运动的同龄人，这为其成年后的骨骼健康奠定了坚实的基础。

网球运动的多方向运动模式对骨骼的适应性提升和关节稳定性增强具有重要作用。网球运动要求运动员在比赛中频繁地进行快速变向和跳跃动作，这些动作不仅提高了骨骼的适应性，还增强了关节的稳定性。通过这种方式，运动员的骨骼系统能够更好地适应复杂的运动环境，从而有效降低运动损伤的发生率。

网球训练中的跳跃与快速变向动作对于刺激骨骼的再生与修复具有积极的作用。这些动作能够促进骨骼的功能性适应，使其在应对外界压力时更加灵活和坚韧。通过不断的运动刺激，骨骼的再生和修复过程得以加速，这不仅提高了运动员的运动能力，还为其提供了更好的生理保护机制。

（二）肌肉力量与耐力的发展

肌肉力量与耐力的发展在网球运动中扮演着至关重要的角色。通过系统的训练，运动员可以显著提高肌肉的爆发力和持久力，从而在比赛中获得更好的表现。肌肉力量的提升不仅有助于增加击球的速度和力量，还能增强运动员在场上的稳定性和灵活性。耐力的发展则使运动员能够在长时间的比赛中保持高水平的竞技状态，减少疲劳感的产生。这种结合力量与耐力的训练方式，有助于全面提升运动员的综合能力，使其在比赛中更具竞争力。

肌肉力量训练的基本原则与方法在网球训练中尤为重要。首先，训练应遵循渐进性原则，即逐步增加负荷和强度，以避免运动损伤。其次，多样化的训练方法，如自由重量训练、阻力训练和功能性训练等，能够全面发展不同肌肉群的力量。最后，合理的训练频率和恢复时间也至关重要，能够确保肌肉在高强度训练后有足够的时间进行修复和生长。通过科学的力量训练，运动员能够显著提升击球的精准度和稳定性。

耐力训练在网球运动中的重要性与实施策略不容忽视。网球比赛通常持续时间较长，因此运动员需要具备良好的有氧和无氧耐力。通过间歇训练、高强度间歇训练等方法，可以有效提高运动员的心肺功能和耐力水平。此外，耐力训练应结合网球特有的运动模式，如短时间的高强度冲刺和快速变向，以提高运动员在实际比赛中的适应能力。科学的耐力训练策略能够帮助运动员在比赛中保持高效的体能状态。

不同肌肉群的力量发展对网球技术动作的支持至关重要。上肢肌肉力量的增强有助于提高击球的速度和力量，而核心肌群的稳定性则是保证动作协调性和精准度的关键。此外，下肢肌肉的力量和爆发力直接影响运动员的移动速度和场上覆盖范围。通过有针对性地训练不同肌肉群，运动员能够在比赛中更好地完成复杂的技术动作，提高整体竞技水平。

结合力量与耐力训练的综合性训练方案设计是提高运动员全面素质的有效途径。在设计方案时，应根据运动员的个人特点和训练目标，合理安排力量与耐力训练的比例和内容。通过交替进行力量训练和耐力训练，既能避免单一训练带来的疲劳，又能提高训练的多样性和趣味性。此外，结合实际比赛情境进行模拟训练，有助于运动员更好地适应比赛节奏，提高实战能力。

（三）关节灵活性与稳定性的平衡

在网球运动中，关节灵活性与稳定性的平衡对于运动员的表现至关重要。灵活性和稳定性是运动系统的两个关键要素，它们的协调发展能够显著提升运动员的技术表现。灵活性主要是指关节在运动中的活动范围，稳定性则涉及关节在运动中保持正确位置的能力。这两者之间的平衡不仅影响运动员的技术动作，还对其在比赛中的整体表现有重要影响。通过合理的训练方法，运动员可以在提高灵活性的同时，保持关节的稳定性，从而在比赛中获得更好的成绩。

关节的灵活性对网球运动员的技术动作有着直接的影响。高灵活性的关节能够增加运动员在发球、击球和移动时的动作幅度，使其能够更好地控制球的速度和方向。在网球运动中，灵活性是实现复杂技术动作的基础。灵活的肩关节和髋关节可以帮助运动员在发球时产生更大的力量，而灵活的腕关节则有助于击球时更好地控制球拍角度。因此，灵活性的提高可以直接转化为技术动作的流畅性和效率。

灵活性与稳定性的训练方法需要结合动态拉伸与力量训练，以增强关节的适应性和控制能力。动态拉伸可以提高肌肉的柔韧性和关节的活动范围，而力量训练则有助于增强关节周围肌肉的力量和耐力。通过综合训练，运动员可以在提高灵活性的同时，增强关节的稳定性。这种训练方法不仅能提高运动员的运动表现，还能有效预防运动损伤，延长运动员的运动寿命。

评估关节灵活性与稳定性的指标是制订训练计划的重要依据。利用功能性运动筛查等工具进行运动员的评估与监测，可以帮助教练和运动员了解其关节的灵活性和稳定性水平。通过定期评估，教练可以根据运动员的具体情况调整训练计划，确保训练的有效性和针对性。这种科学的评估和训练方法能够帮助运动员在比赛中发挥出最佳水平。

关节灵活性与稳定性的平衡对运动表现的综合影响是显而易见的。通过科学的训练和评估，运动员能够在提高灵活性的同时，保持关节的稳定性，从而提高整体竞技水平与比赛表现。这种综合的训练方法不仅能提高运动员的技术水平，还能增强其在比赛中的心理稳定性，使其在高压环境中能够从容应对各种挑战。

三、神经与运动系统的协同训练

（一）技术动作的神经控制训练

技术动作的神经控制训练在网球教学中具有重要意义，这种训练方法通过重复练习来强化运动员的神经肌肉连接，从而提高其运动反应速度。在网球运动中，快速的反应时间和精确的动作执行是成功的关键。通过不断的技术动作练习，运动员可以在神经系统中建立更强的肌肉记忆，从而在比赛中表现出更高的动作效率和准确性。这种训练不仅有助于提高运动员的身体素质，还能通过神经肌肉的协调，提升其整体运动表现。

利用视觉反馈和即时反馈机制是增强运动员神经控制能力的有效方法。在技术动作训练中，通过高科技手段提供即时的视觉反馈，可以让运动员实时了解自己的动作表现，进而进行自我调整。这种反馈机制不仅帮助运动员纠正错误动作，还能增强他们的自信心，使其在训练中更具主动性。通过这种方式，运动员不仅可以提高技术动作的精确性，还能在反馈中提升其神经系统的敏捷性和反应能力。

通过情境模拟训练，运动员可以提升在比赛中的决策能力和应变能力。这种训练方法通过模拟真实比赛环境，使运动员在复杂多变的情境中进行练习，从而强化神经系统对复杂环境的适应性。情境模拟训练不仅考验运动员的技术动作，还要求他们在高压环境下作出快速反应和决策。这种训练有助于提高运动员在比赛中的临场应变能力，使其在面对对手的变化时能够迅速调整策略，保持竞争优势。

结合多种感官刺激（如听觉、触觉）进行训练，可以有效促进运动员的综合感知能力，提高技术动作的精准性。在网球训练中，利用多感官刺激可以增强运动员对环境的感知能力，使其在做出技术动作时能够更好地协调各个感官的信息输入。通过这种综合训练，运动员可以在比赛中更快速地做出反应，并在多变的比赛环境中保持动作的精准性和稳定性，从而提高整体比赛表现。

采用分解训练法，将复杂的技术动作分解为简单动作进行练习，是提高运动员神经控制精度和协调性的有效策略。通过将复杂动作分解，运动员可以专注于每个动作细节的练习，从而逐步提高其技术动作的精确性和协调性。这种方法不仅有助于运动员掌握复杂技术动作，还能通过逐步积累的方式，增强其神经系统的控制能力，使其在比赛中能够更自如地运用复杂技术。

（二）爆发力与协调性的结合训练

爆发力训练的基础原则与方法强调力量和速度的结合，通过短时间高强度的力量训练，运动员能够提升瞬时爆发能力。这种训练通常包括快速的全身动作，如跳跃、冲刺等，旨在激发肌肉的最大潜能。通过这些高强度的练习，运动员可以在比赛中更快速地起动、转向和加速，从而在竞技场上占据优势。

协调性训练则侧重于提升运动员在复杂动作中的身体控制能力。通过动态平衡和反应训练，运动员可以增强身体各部分的协调性。这种训练通常包括敏捷梯、平衡板和动态稳定性练习，帮助运动员在多变的比赛环境中保持稳定和灵活。协调性训练不仅提高了运动员的身体控制能力，还增强了他们的反应速度和决策能力，使其在比赛中能够迅速而准确地作出反应。

结合爆发力与协调性的综合训练方案设计是提高运动员综合运动能力的有效途径。采用特定的训练器材和环境，如负重背心、阻力带和不稳定训练平台，可以确保训练内容的多样性和有效性。通过这些综合训练，运动员能够在提升爆发力的同时，增强身体的协调性和稳定性，从而在比赛中表现出色。

（三）动态平衡与姿势控制的训练

动态平衡训练的基本原理与方法，旨在增强运动员在各种姿势下保持身体稳定的能力。这种训练不仅要求运动员具备良好的核心力量，还需要他们在不断变化的环境中迅速调整身体姿态。这种能力的培养对于网球运动员来说至关重要，因为比赛时的快速移动和频繁的姿势变化，需要他们在瞬间作出反应并保持身体的平衡。

姿势控制训练在网球技术动作中扮演着重要角色，它帮助运动员在击球时保持最佳的身体姿态。一个良好的姿势不仅能提高击球的稳定性和准确性，还能有效减少运动损伤的风险。通过系统的姿势控制训练，运动员能够在比赛中更加自如地转换动作，确保每一次击球都能发挥出最佳效果。这种训练强调姿势的精确性和稳定性，是提高运动员技术水平的重要途径。

在动态平衡训练中，利用平衡板、稳定球等器材进行训练，可以显著增强运动员的核心力量和身体控制能力。这些器材通过增加不稳定性，迫使运动员不断调整身体以维持平衡，从而锻炼核心肌群的协调性和反应速度。这种训练方法不仅能提高运动员的平衡能力，还能增强其整体的运动表现，为比赛中的高效发挥奠定基础。

第四节　网球运动员的心理特征与心理训练方法

一、网球运动员的心理特征分析

（一）比赛前的心理状态特点

比赛前，网球运动员常常处于一种高度紧张和兴奋的心理状态。这种状态是由即将到来的比赛压力和对比赛结果的期望共同作用的结果。运动员在此时可能会体验到心跳加速、手心出汗等生理反应，这些都是比赛前心理状态的典型表现。了解这些特点有助于教练和运动员制定更有效的心理准备策略，以便在比赛中发挥最佳水平。

比赛前的心理准备与自我暗示在运动员的心理状态中起着至关重要的作用。有效的心理准备可以帮助运动员调整心态、增强信心，从而在比赛中更好地应对压力。自我暗示是一种积极的心理调节方法，它通过正面的自我对话来提升运动员的自信心和专注力。通过反复的心理训练，运动员可以学会如何在比赛前利用自我暗示来稳定情绪，增强应对比赛压力的能力。

焦虑情绪对运动表现有显著影响，过度的焦虑可能导致运动员在比赛中无法发挥正常水平。因此，管理焦虑情绪成为比赛前心理训练的关键。运动员可以通过放松训练、深呼吸等方法来降低焦虑水平。此外，教练可以帮助运动员识别并调整不合理的思维模式，以减少焦虑对比赛表现的负面影响。通过系统的情绪管理训练，运动员可以在比赛中保持更好的心理状态。

目标设定在比赛前心理状态的调整中发挥着重要作用。明确的目标可以为运动员提供清晰的方向感和动力，帮助他们在比赛中集中注意力并保持积极的心理状态。合理的目标设定应当具备具体性、可测量性和可实现性，并与运动员的实际能力相匹配。通过目标设定，运动员能够在比赛前建立起积极的心理预期，增强自信心和比赛动机。

对比赛环境的适应能力与心理调适策略是运动员在比赛中取得成功的重要因素。适应比赛环境包括对场地、天气、观众等外部因素的适应能力。运动员可以通过模拟训练和心理想象等方法提高对比赛环境的适应能力。心理调适策略则包括情绪调节、注意力控制等技术，帮助运动员在比赛中保持最佳状态。通过系统的训练，运动员可以提高对比赛环境的适应能力，并在比赛中灵活运用心理调适策略。

自信心的建立与维护对比赛前心理状态有着深远的影响。自信心是运动员在比赛中表现出色的重要心理因素。通过成功经验的积累、积极的自我暗示和教练的鼓励，运动员可以逐步建立起稳固的自信心。此外，自信心的维护需要长期的心理训练和实战经验的支持。通过不断的心理强化，运动员可以在比赛前保持积极的心理状态，从而在比赛中发挥出色。

（二）比赛中的心理波动表现

比赛中的心理波动表现是影响网球运动员竞技水平的重要因素。运动员在比赛中常常面临各种心理挑战，这些挑战不仅影响他们的决策能力，还直接影响技术执行的效果。兴奋、紧张和沮丧等情绪是比赛中常见的心理波动表现。这些情绪变化可以导致运动员在比赛中出现判断失误或技术动作变形。例如，过度兴奋可能导致运动员在比赛中失去冷静，作出过于激进的决策，紧张则可能导致动作僵硬，影响击球的精准度。运动员需要通过有效的心理训练，学会识别和管理这些情绪波动，以确保在比赛中保持最佳状态。

心理韧性是运动员在比赛中应对压力和挑战的关键能力。具备高心理韧性的运动员能够在逆境中保持稳定的竞技状态，而不被外界环境干扰。这种能力可以通过系统的心理训练进行培养。运动员可以通过设定合理的目标、积极的自我对话以及冥想等方法提升心理韧性。在高压比赛环境中，心理韧性帮助运动员有效应对不确定性和突发情况，从而保持持续的竞争力。这种能力的培养需要长期的积累和科学的训练方法，以便在关键时刻发挥作用。

比赛中的注意力集中与分散是影响运动员表现的一个重要因素。在高压环境下，运动员需要将注意力集中在比赛的每一个细节上，以确保最佳表现。然而，分散注意力的潜在原因有很多，包括观众的干扰、对手的表现以及自身的情绪波动。运动员需要通过训练提高注意力控制能力，以便在比赛中保持高度集中。视觉化技术、呼吸控制和专注训练等方法，可以帮助运动员在比赛过程中保持注意力的稳定，从而提高技术动作的准确性和决策的合理性。

自我对话是影响比赛表现的一个重要心理因素。积极的自我对话可以增强运动员的自信心，帮助其保持积极的心理状态，并在比赛中表现出色。相反，消极的自我对话可能导致自我怀疑和焦虑，从而削弱运动员的表现。运动员需要学会管理自己的自我对话，通过积极的语言和正面的心理暗示来增强自我效能感。心理训练中常用的技术包括积极自我暗示、目标设定和成功回忆，这些方法可以帮助运动员建立积极的心理框架，提高在比赛中的表现水平。

（三）比赛后的心理恢复需求

比赛不仅是对体能的考验，还给心理带来巨大压力。赛后，运动员常常需要快速从紧张的比赛状态中解脱出来，以恢复心理平衡。比赛后的心理恢复策略至关重要，能够帮助运动员有效缓解比赛带来的心理压力与焦虑。通过科学的心理恢复方法，运动员不仅能促进心理健康，还能为未来的比赛做好更充分的准备。

1. 自我反思与评估

运动员通过对比赛表现的回顾与分析，可以识别自身的成功与不足。这种内省的过程不仅有助于提高运动员的自我认知水平，还能促进心理成长。通过反思，运动员能够明确未来需要改进的领域，并在心理上做好迎接下一场比赛的准备。自我反思与评估不仅是技术上的总结，还是心理上的自我完善。

2. 社交支持

运动员通过与教练、队友及家人交流，能够获取情感支持与积极反馈。这种社交互动不仅能缓解运动员的孤独感，还能增强其心理恢复能力。积极的社交支持有助于运动员建立更强的心理韧性，使其在面对挫折时能够更从容地应对。通过社交支持，运动员在心理上得到滋养，为后续的训练和比赛积蓄力量。

3. 放松与冥想技巧

运动员可以运用深呼吸、冥想等方法，使身心得到充分的放松。通过这些技巧，运动员能够有效缓解紧张情绪，恢复心理平衡。放松与冥想不仅能改善运动员的心理状态，还能提升其注意力和专注度，为未来的训练和比赛奠定良好的心理基础。通过科学的放松方法，运动员的身心能够得到全面的调节。

二、心理因素对网球运动表现的影响

（一）自信心对技术水平发挥的作用

自信心在网球运动中扮演着至关重要的角色，直接影响运动员在比赛中的技术水平发挥。自信心能够增强运动员在比赛中的决策能力，使其在关键时刻作出更合理的战术选择。在高强度的比赛环境中，运动员需要快速而准确地判断形势，自信心的存在使他们能够更果断地实施战术，避免犹豫不决带来的不利影响。同时，自信心的提升有助于运动员在比赛中更流畅地执行技术动作。无论是发球、接发球还是底线抽球，自信心的支持使运动员能够更好地控制动作的节奏与力度，从而提高技术动作的精准性和有效性。

自信心的建立还有助于运动员在面对压力时保持冷静，从而减少失误和提高稳定性。在比赛中，压力往往导致运动员出现紧张和焦虑，进而影响其技术表现。自信心的存在可以帮助运动员在高压环境中保持镇定，专注于比赛本身，减少因心理波动带来的失误。此外，自信心还影响着运动员的心理韧性，使其在逆境中能够更好地调整心态，继续坚持比赛。面对比分落后或比赛陷入僵局时，自信心较强的运动员往往能够迅速调整策略，积极应对挑战，展现出顽强的拼搏精神。

自信心能够增强运动员的积极自我对话，促进其在比赛中的心理状态和表现的提升。积极的自我对话是运动员在比赛中自我激励和调整心态的重要手段，自信心的增强使运动员更容易进行积极的自我暗示，提升自我效能感。这种积极的心理状态不仅有助于运动员在比赛中保持良好的竞技状态，还能提高其对比赛的掌控感和自我满意度。因此，培养和强化运动员的自信心是网球心理训练中的重要环节，对于提高运动员的整体竞技水平具有重要意义。

（二）注意力集中对战术执行的意义

注意力集中在网球运动中扮演着至关重要的角色，尤其是在战术执行方面。运动员通过训练提高注意力集中水平，能够更敏锐地感知比赛环境的细微变化。这种敏感度提升使运动员可以更快速地识别对手的战术意图以及场地的动态变化，进而及时调整自己的战术策略。这种对环境的敏感性不仅帮助运动员在比赛中占据主动地位，还能有效减少由于环境变化带来的不确定性。

良好的注意力集中能力在关键时刻尤为重要。它使运动员能够在瞬息万变的比赛中作出迅速而准确的决策，减少失误的发生。通过这种方式，运动员的比赛表现得以提升，尤其是在紧张激烈的比赛中，注意力集中能够帮助运动员保持清晰的思维和判断力。这种能力的培养是通过系统的心理训练和实战经验的积累实现的，能够显著提高运动员的竞技水平。

在执行复杂技术动作时，注意力集中不可或缺。运动员需要确保动作的准确性和稳定性，而这依赖高度集中的注意力。通过专注于每一个细节，运动员能够更有效地执行技术动作，从而在比赛中发挥出最佳水平。注意力的集中不仅提高了技术动作的质量，也增强了运动员在比赛中的自信心，进而提高整体比赛表现。

注意力集中在保持心理韧性方面能发挥重要作用。在比赛过程中，运动员常常面临来自外界的各种干扰，良好的注意力集中能够帮助他们抵御这些干扰，保持最佳的竞技状态。这种心理韧性是运动员在高水平比赛中取得成功的关键因素之一。通过训练，运动员能够在比赛中保持专注，不被外界因素左右，从而在比赛中发挥出色。

（三）意志品质对逆境应对的价值

意志品质在网球运动中扮演着至关重要的角色，尤其是在应对逆境时，其价值不可忽视。意志品质的核心在于坚持力，这种品质能够使运动员在比赛中面对困难时不轻言放弃。在比赛中，运动员常常会遭遇各种不可预见的挑战，如对手的强势反击或自身状态的波动。此时，意志品质成为运动员坚持下去的动力源泉，帮助他们在逆境中保持韧性。这种坚持不仅体现在体能的持续输出上，更体现在心理的稳定性和对胜利的渴望上。

意志品质能帮助运动员在逆境中保持积极心态，促进自我激励和情绪管理。

比赛过程中的压力往往会导致情绪波动，进而影响运动表现。强大的意志品质使运动员能够在高压环境下保持冷静，积极面对挑战。通过自我激励，运动员可以重新聚焦于比赛目标，进而增强抗压能力。这种能力不仅有助于个人的心理调节，也为运动员在关键时刻的表现提供了保障。

意志品质使运动员能够有效应对比赛中的意外情况，灵活调整战术，保持竞技状态。在网球比赛中，意外情况随时可能发生，如场地条件的变化或对手策略的调整。拥有强大意志品质的运动员往往能够迅速适应这些变化，调整自己的战术策略，以最佳状态迎接挑战。这种灵活性和适应能力是优秀运动员区别于普通运动员的重要特征。

意志品质培养了运动员的目标导向思维，使其在逆境中能够积极寻找解决方案，提升问题解决能力。在面对困境时，运动员需要快速判断形势，制定有效的应对策略。目标导向思维使他们始终聚焦于最终目标，即比赛的胜利，从而在逆境中保持清晰的思路和坚定的信念。这种能力不仅有助于个人的成长，也为团队的整体表现提供了支持。

三、常见的网球心理训练方法

（一）表象训练法的实施步骤

表象训练法是一种通过在脑海中构建运动场景和动作过程，以提高运动员心理素质和技术水平的训练方法。其实施步骤通常包括三个主要阶段：准备阶段、实施阶段和评估阶段。在准备阶段，运动员需要选择一个安静的环境，放松身心，集中注意力，以便在脑海中清晰地构建出运动场景。在实施阶段，运动员在脑海中详细地想象自己在比赛或训练中的每一个动作，尽量调动所有感官，形成逼真的心理表象。在评估阶段，运动员需要反思和记录表象训练的效果，并根据反馈不断调整和完善训练内容。

表象训练法的基本概念基于心理学中的表象理论，即通过在脑海中反复想象运动过程，能够有效增强运动员的心理准备和技术表现。其原理在于大脑对想象动作和实际动作的神经活动具有相似性，因此，通过表象训练可以强化大脑对动作的指令传递，提高肌肉对动作的记忆和反应能力。这种训练方法不仅可以提升运动员的自信心和专注力，还能在无实物练习的情况下，帮助运动员克服心理障碍，提高比赛中的临场表现。

在具体实施表象训练时，运动员应首先选择合适的时间和地点，确保环境安静，不受干扰。接着，运动员需要进行深呼吸放松，进入冥想状态，以便全身心投入表象训练中。在想象过程中，运动员应尽量调动视觉、听觉、触觉等多种感官，形成生动、逼真的动作表象。运动员可以从简单动作开始，逐渐过渡到复杂动作，以增强训练效果。此外，运动员还应定期记录训练过程中的感受和进步，以便及时调整训练策略。

在网球训练中，表象训练法可广泛应用于各种技术动作的练习。例如，运动员可以通过在脑海中反复想象发球、接球、击球等动作，来提高动作的流畅性和准确性。在想象过程中，运动员应注意细节，如握拍的力度、挥拍的角度、脚步的移动等，以确保动作的每一个环节都被清晰地构建和强化。通过这样的训练，运动员可以在实际比赛中更好地控制动作，提高技术水平。

表象训练不仅对技术动作的提升有显著效果，还对运动员的心理素质有积极影响。通过反复的心理表象，运动员能够增强自信心，减少比赛中的紧张和焦虑。此外，表象训练还可以提高运动员的专注力和比赛策略意识，使其在面对挑战时能够保持冷静和理智。长期坚持表象训练，运动员的心理韧性和抗压能力也会得到显著提升，有助于在高水平比赛中取得优异成绩。

（二）放松训练法的具体方式

在网球运动中，放松训练法是一种有效的心理训练手段，旨在帮助运动员在高压环境下保持心理稳定。

1. 深呼吸训练

深呼吸训练是其中一种重要的方式，通过有意识地进行深呼吸，运动员能够调节生理反应，降低焦虑水平。深呼吸不仅有助于放松身心，还能增强运动员在比赛中的心理稳定性。通过控制呼吸节奏，运动员可以在关键时刻保持冷静，提高比赛中的表现。

2. 渐进性肌肉放松

该方法通过系统地紧张和放松不同的肌肉群，帮助运动员缓解肌肉紧张与压力。这种训练方法强调对身体各个部位的感知和控制，促进全身的放松。通过反复的训练，运动员可以在比赛前或比赛中快速进入放松状态，从而提高其竞技水平和心理承受能力。

3. 冥想专注训练

通过冥想技巧，运动员能够集中注意力，清除杂念，提升心理专注力与放松感。这种训练不仅有助于提高注意力的持久性，还能增强运动员在比赛中的心理韧性。冥想训练的效果在于帮助运动员在比赛中保持高度的专注，减少外界干扰对其心理状态的影响。

4. 视觉化放松

视觉化放松是通过引导运动员在心中想象舒适的场景或成功的比赛画面，以达到心理放松和积极心态的效果。这种训练方法有助于增强运动员的自信心和积极性。通过反复的视觉化训练，运动员能够在比赛中更好地调动自身潜力，发挥出最佳水平。视觉化放松不仅提升了运动员的心理素质，还为其提供了一个积极的心理暗示。

5. 音乐放松法

音乐放松法利用轻音乐或自然声音，营造放松氛围，是放松训练中的一种辅助方法。通过音乐的节奏和旋律，运动员能够在训练或比赛前缓解紧张情绪，提升心理舒适度。音乐放松法的优势在于其简单易行，可以在各种环境中实施。通过音乐的引导，运动员可以更快地进入放松状态，为比赛做好心理准备。

（三）目标设置训练法的要点

在网球训练中，目标设置训练法是一种有效的心理训练方法，其核心在于通过科学的目标设定来提升运动员的心理素质和竞技表现。SMART 原则是目标设置的基础，确保目标具体、可测量、可实现、相关性强和时间限定。具体而言，目标必须明确且清晰，以便运动员能够准确理解并朝着目标努力。可测量性则要求目标的进展能够通过量化指标进行评估，从而帮助教练和运动员及时调整策略。目标的可实现性是指目标应在运动员的能力范围内，以避免因过度挑战而导致的挫败感。相关性强调目标与运动员的整体训练计划和长远发展相一致，确保目标的设定对运动员的成长具有实际意义。时间限定则要求目标在特定的时间框架内完成，以提高目标的紧迫感和执行力。

短期与长期目标的结合是目标设置训练法的一个要点。短期目标通常涉及日常训练中的具体任务，如提高发球的精准度或增强体能耐力，这些目标能够激励运动员在每次训练中保持高水平的投入和专注。长期目标则关注运动员的整体发展，如在赛季结束时达到某一排名或技术水平。这种结合不仅能够帮助运动员在短期内看到进步，增强自信心，还能为其提供一个长远的发展方向，促进持续的动力和努力。通过这种方式，运动员能够在不断实现短期目标的过程中，逐步接近其长期目标，最终实现个人的全面提升。

目标的个性化设计是确保目标设置训练法有效性的关键。每位运动员在技术水平、心理特征和训练需求上都存在差异，因此目标的设定必须因人而异。个性化的目标能够增强运动员的参与感和成就感，因为这些目标更贴近他们的实际情况和需求。教练在设定目标时，应充分考虑运动员的个人特点，利用其优势并针对其弱点进行调整。这种个性化的设计不仅有助于提高运动员的训练积极性，还能在实现目标后带来更大的满足感和自我认同，从而进一步激发其潜力。

在目标设置训练法中，目标的可视化与反馈机制十分重要。通过图表、进度记录等方式，将目标的实现过程直观地展现给运动员，有助于他们明确自己的进展情况。定期的反馈可以帮助运动员及时了解自身的优劣势，并根据反馈调整训练策略。反馈机制还能够提供外部的鼓励和支持，增强运动员的信心和动力。通过这种方式，运动员能够在实现目标的过程中不断反思和改进，提升自我管理能力和心理素质。

第二章　网球教学训练体系构建框架

第一节　网球教学训练体系构建的目标与原则

一、体系构建的核心目标

（一）提高运动员的竞技水平

提高运动员的竞技水平是网球教学训练体系构建的核心目标之一。通过系统化的训练计划，运动员可以在技术、体能和心理等多方面得到全面提升。竞技水平的提高不是依赖单一的技术训练，而是需要在全面发展的基础上进行综合培养。运动员需要通过科学的训练方法，逐步提高自身的技术水平和战术意识，使其在比赛中能够灵活运用所学技能，并在实战中表现出色。

1. 运动员技术动作的规范化与精准化训练

通过反复的技术动作训练，运动员能够掌握更为精准的击球技术和步法移动，从而在比赛中提高击球的稳定性和准确性。规范化的技术训练要求教练在训练过程中注重细节，帮助运动员纠正动作偏差，形成良好的技术习惯。这种训练不仅提高了运动员的技术水平，还能有效减少运动损伤的发生。

2. 增强运动员的身体素质与耐力提升

网球作为一项高强度的运动，对运动员的体能要求极高。通过科学的体能训练，运动员可以提高肌肉力量、爆发力以及耐力，从而在长时间的比赛中保持良好的竞技状态。耐力训练不仅帮助运动员在体力上占据优势，还能提高其在比赛后期的专注力和反应速度。

3. 培养运动员的战术意识与比赛策略

战术意识的培养需要通过大量的实战经验积累和案例分析，使运动员能够在不同比赛情境中作出最佳的战术选择。教练在训练中应注重战术的多样性和灵活性，通过模拟比赛情境，帮助运动员熟悉各种战术组合，提高其临场应变能力和比赛策略的制定能力。

4. 提高运动员的心理素质与比赛应对能力

心理素质的培养需要长期的心理训练和比赛经验的积累。运动员在比赛中只有具备良好的心理承受能力和应对压力的能力，才能在关键时刻保持冷静，发挥最佳水平。心理训练可以通过模拟比赛压力、心理辅导等方式进行，以帮助运动员建立自信心和应对挑战的能力。

（二）促进运动员的全面发展

在网球教学训练体系的构建中，促进运动员的全面发展是一个至关重要的核心目标。全面发展不仅意味着在身体素质和技术能力上的提升，还强调运动员在心理、社交和认知等方面的均衡发展。这种全面发展理念源于对运动员长远成长的重视，旨在为运动员提供一个多维度的成长环境，使其能够在网球运动中获得更深层次的成长和满足。通过这种全方位的培养，运动员不仅能在比赛中表现出色，还能在生活中展现出成熟的心智和良好的社会适应能力。

培养运动员的自我管理能力是全面发展目标中的重要一环。自我管理能力的提升包括时间管理和训练计划的制订，这些技能不仅有助于运动员在日常训练中保持高效，还能帮助他们在比赛前后合理安排时间，从而达到最佳的竞技状态。训练计划的制订需要运动员具备一定的自我分析能力，能够根据自身的优缺点进行调整和优化。这种能力的培养不仅有助于运动员在职业生涯中取得成功，还能在其未来的工作和生活中提供支持，体现出终身学习和自我提升的价值。

促进运动员的社交能力是实现全面发展的重要方面。在团队活动和交流中，运动员有机会提升人际关系，这不仅有助于增强团队凝聚力，还能提高个人的沟通技巧和合作能力。通过参与团队活动，运动员可以学会如何在竞争与合作中找到平衡，如何在团队中发挥自己的优势并支持队友。社交能力的提升对于运动员在比赛中的心理调节、压力应对以及与对手的互动都具有积极的影响，同时也为其未来的职场生涯打下坚实的基础。

增强运动员的领导能力是全面发展不可或缺的一部分。在训练和比赛中，运动员被鼓励在团队中担任领导角色，这不仅能提升其决策能力，还能培养责任感和团队意识。领导能力的培养帮助运动员在关键时刻作出正确的判断，并带领团队走向成功。这种能力的提升不仅体现在比赛中，也在日常生活和未来职业生涯中发挥重要作用，使运动员在各个领域都能展现出色的领导风范。

提高运动员的适应能力是为了帮助其应对不同比赛环境和压力所必需的。适应能力的培养包括对不同场地、气候条件和比赛节奏的适应，这要求运动员具备灵活的思维和快速的反应能力。通过系统的训练和实战经验的积累，运动员能够在各种复杂环境中保持冷静，迅速调整策略，发挥最佳水平。这种适应能力不仅有助于运动员在职业生涯中应对各种挑战，也为其未来的个人发展提供了坚实的保障。

（三）优化训练效率与科学性

在网球教学训练体系的构建中，优化训练效率与科学性是至关重要的核心目标。通过科学的理论基础，制订系统性和针对性的训练计划，不仅能够增强训练的效果，还能确保运动员在训练过程中得到全面的发展。科学理论的应用使训练内容更加系统化，能够有效地覆盖网球运动所需的各项技能和体能要求。这种系统性不仅体现在训练的安排上，也体现在对训练强度、频率和内容的合理分配上，确保运动员在不同阶段能够获得最适合的训练内容。

在现代网球训练中，数据分析技术的应用为训练效果的监测和方案的调整提供了强有力的支持。通过对运动员在训练中表现的数据进行分析，可以及时发现训练中的问题，并根据数据反馈调整训练方案。这种基于数据的训练方法不仅提高了训练的科学性，也为教练提供了更加精准的指导依据。数据分析技术的运用使训练方案的调整更加灵活和高效，能够快速响应运动员的状态变化，确保训练的适应性。

现代科技手段的引入，如虚拟现实和生物反馈技术，为网球训练增添了新的活力。这些技术不仅提升了训练的互动性和趣味性，还为运动员提供了更加真实和多样化的训练体验。通过虚拟现实技术，运动员可以在模拟的比赛环境中进行训练，提高他们的临场反应能力和心理素质。而生物反馈技术则帮助运动员更好地了解自身的生理状态，从而更有针对性地进行调整和优化训练。

二、体系构建的基本原则

（一）科学性与系统性原则

科学性与系统性原则在网球教学训练体系构建中具有至关重要的作用。

科学性要求训练内容必须基于运动员的生理和心理发展阶段，这不仅能确保训练的适应性，还能提升其科学性。每位运动员在不同的发展阶段，其生理和心理特征都有所不同，因此，训练内容的设计需要充分考虑这些差异，以便提供最合适的训练方案。科学性的落实还体现在对训练效果的量化评估上，通过数据驱动的方法，可以更客观地了解训练的成效，进而不断优化训练策略和方法。

系统性训练强调训练内容的全面性和协调性。一个完整的训练体系应涵盖技术、战术、身体素质和心理素质等多个方面。技术训练是基础，通过不断的技术动作练习，运动员能够提高球技的精确性和稳定性。战术训练则帮助运动员在比赛中更好地运用策略，以应对不同的对手和比赛情况。身体素质训练是保障运动员在高强度比赛中保持最佳状态的关键，而心理素质训练则有助于运动员在比赛中的情绪和压力管理。只有通过这些方面的综合训练，运动员才能在比赛中发挥出最佳水平。

训练计划的个性化定制是科学性与系统性原则的一部分。由于每位运动员的身体条件、心理状态和技术水平各不相同，因此，训练计划需要根据运动员的个人特点和需求进行调整。这种个性化的训练计划不仅能提高训练的有效性，还能激发运动员的训练积极性，使他们在训练中不断进步。定期的科学研究与理论更新也是确保训练体系和最新运动科学成果相结合的重要手段。只有通过不断吸收和应用最新的研究成果，训练体系才能保持其前沿性和有效性。

（二）个性化与差异化原则

个性化与差异化原则在网球教学训练体系中扮演着至关重要的角色。每位运动员在技术水平和潜力上都有所不同，因此制订个性化的训练计划是满足其特定需求和发展目标的关键。通过细致的观察与分析，教练可以识别出每位运动员的技术优势和不足，从而设计出量身定制的训练方案。这种个性化的计划不仅能帮助运动员在短期内提高技术水平，还能为其长远发展奠定坚实基础。此外，个性化的训练计划还需考虑运动员的身体状况和恢复能力，以避免因过度训练导致的伤病。

在网球训练中，运动员的心理状态需要得到重视。心理因素在竞技体育中的重要性不言而喻，良好的心理状态能够显著提升运动员的比赛表现。因此，教练应在训练过程中为运动员提供有针对性的心理支持与辅导。通过建立信任关系，教练可以帮助运动员增强自信心，克服比赛中的心理障碍。此外，心理辅导还可以帮助运动员更好地应对压力，提高其在关键时刻的决策能力。定期的心理评估和辅导是确保运动员在比赛中发挥最佳水平的保障。

运动员的身体素质是影响其训练效果和比赛表现的基础因素。通过定期评估运动员的身体素质，教练可以及时调整训练内容，以确保运动员在力量、速度、灵活性等方面的均衡发展。科学的评估方法可以帮助教练准确了解运动员的身体状态，从而制订出更具针对性的训练计划。此外，合理的训练内容调整还可以有效防止运动员出现过度疲劳或运动损伤，延长其运动寿命。通过科学的身体素质评估和训练调整，运动员能够在各个方面实现全面提升。

教学方法的多样化是促进运动员对技术动作理解与掌握的重要手段。根据运动员的学习风格和接受能力，教练应灵活采用多样化的教学方法，以增强训练效果。有些运动员可能更倾向于视觉学习，而另一些则可能更喜欢通过实践来掌握技术动作。通过多样化的教学方法，教练可以更好地满足运动员的学习需求，帮助他们更快地掌握复杂的技术动作。同时，多样化的教学方法还可以激发运动员的学习兴趣，提高其参与训练的积极性。

（三）循序渐进与适应性原则

在网球教学训练体系中，循序渐进与适应性原则是确保运动员能够在各个阶段有效发展的关键。训练内容的设计应当根据运动员的技能水平和发展阶段进行分级。这样的分级不仅有助于运动员在技术上的逐步提升，也能确保每个阶段的训练都具有针对性和有效性。通过这种方式，训练计划能够更好地服务于运动员的长期发展目标，而不仅仅是短期的成绩提升。

在训练过程中，适时调整训练强度和内容是适应性原则的重要体现。运动员的身体状态和心理需求是动态变化的，因此训练计划也需要灵活调整，以避免过度训练或训练不足带来的风险。过度训练可能导致运动员的身体损伤和心理疲劳，而训练不足则可能使其技术发展停滞。因此，训练的适应性不仅包括对运动员当前状态的评估，还需考虑其未来的发展潜力和需求。

鼓励运动员在训练中逐步挑战自我，是增强其自信心和成就感的重要手段。设定短期和长期目标可以帮助运动员明确训练方向，并在达成目标时获得成就感。这样的目标设定应当是切实可行的，并根据运动员的实际情况进行调整。通过不断挑战自我，运动员不仅能提高自己的技术水平，还能培养积极的训练态度和坚韧的心理素质，这对于其在比赛中的表现至关重要。

三、体系构建的指导理论

（一）运动训练学的基本理论

运动训练学作为指导网球教学训练体系构建的重要理论框架，提供了科学的基础和方法论。它不仅涵盖了训练的基本概念和原则，还强调训练过程中的周期性、系统性和针对性。周期性原则强调训练的阶段性和长期规划，通过合理的周期安排来促进运动员的持续进步；系统性原则强调训练内容的全面性和结构化，以确保训练各个方面的协调发展。针对性原则要求根据运动员的个体差异和具体需求，制订个性化的训练计划，以最大化训练效果。

在运动训练学的基本概念和原则中，生理基础是核心之一。它强调身体适应性与运动表现之间的关系，指出训练过程中的身体变化和适应是提高运动表现的关键。通过了解身体在训练中的生理变化，教练可以更好地设计训练计划，确保运动员在安全和有效的条件下提升表现。此外，生理基础的研究还帮助识别运动员的潜力和限制，从而制定更具针对性的训练策略。

运动心理学在训练中的应用不可忽视。心理因素对运动员表现的影响深远，涉及动机、注意力、压力管理等多个方面。通过心理训练，运动员可以提高专注力、增强自信心，并有效应对比赛压力。这不仅有助于提升比赛中的表现，也对日常训练的积极性和投入度有显著影响。心理训练的科学方法包括心理技能训练、情绪管理和目标设定等，帮助运动员在心理层面达到最佳状态。

技术训练的科学方法是网球教学中不可或缺的一部分。动作分析与技能学习的理论为技术训练提供了坚实的基础。通过动作分析，教练可以识别运动员技术动作中的优缺点，并进行有针对性的调整和改进。技能学习理论则帮助理解动作习得的过程和影响因素，从而优化训练方法，提高技术掌握的效率。这些科学方法的应用，确保了技术训练的有效性和科学性。

（二）生理学与心理学基础理论

生理学与心理学是网球教学训练体系构建的重要基础。生理学研究提供了关于人体功能和运动机制的科学依据，心理学则关注运动员的认知与情绪状态。通过生理学的视角，教练可以了解运动员的身体机能，设计出更为科学的训练计划。心理学则有助于理解运动员的行为动机和情绪反应，帮助他们在比赛中保持最佳状态。这两者的结合为构建全面的网球教学训练体系提供了理论支持。

在网球训练中，生理学的应用尤为重要。运动员的身体适应性直接影响训练效果。通过生理学研究，教练可以了解不同训练强度对心血管系统、肌肉和骨骼的影响，从而制订出符合运动员个体需求的训练计划。此外，生理学还帮助教练识别运动员的疲劳程度和恢复能力，确保训练计划的安全性和有效性。这种对生理适应性的关注，提高了运动员的竞技水平和健康保障。

心理学在运动员表现中的作用不容忽视。情绪管理和心理调节是运动员在比赛中取得优异成绩的关键因素。通过心理学的研究，教练可以帮助运动员识别和控制比赛中的紧张和压力情绪，增强自信心和专注力。心理训练不仅提高了运动员的心理韧性，还促进了他们在高压环境下的稳定表现。这种心理优势常常成为比赛胜负的决定性因素。

能量代谢是生理学研究的核心内容之一，它直接影响运动员的体能和恢复能力。通过对能量代谢的深入研究，教练可以为运动员制定科学的营养补给和恢复策略。这包括在训练和比赛前后的饮食安排，以及如何利用营养补剂来加速恢复过程。合理的能量管理不仅提高了运动员的竞技表现，还减少了受伤的风险，延长了运动员的职业生涯。

心理韧性是运动员在面对挑战和压力时表现出稳定性的关键。通过心理训练，运动员可以提高自身的抗压能力，保持在高强度比赛中的专注和冷静。心理韧性不仅体现在比赛中，还影响运动员的日常训练和生活。通过系统的心理训练，运动员能够更好地应对挫折和失败，持续提高自己的竞技水平。这种心理优势为运动员的长期发展提供了坚实的基础。

（三）教育学与教学方法理论

教育学与教学方法理论在网球教学中的应用具有重要意义。教育学原理强调学习理论对运动员技能掌握的影响，尤其是在技术动作的学习和技能迁移中扮演关键角色。通过理解学习过程，教练可以设计更有效的训练计划，帮助运动员在掌握基本技能的同时，提升其在比赛中的应用能力。这种理论的应用不仅提高了教学效率，也促进了运动员的全面发展。

有效的教学方法与策略是提高运动员参与感与学习效率的关键。在网球教学中，互动式教学能够激发运动员的积极性，使他们在参与中获得更好的学习体验。通过互动，教练可以及时调整教学内容，以满足运动员的个性化需求。此外，互动式教学还能够增强运动员的自信心，促进其在比赛中的表现。通过互动式教学，不仅对运动员进行了知识的传授，而且对运动员进行了心理素质的培养。

学习风格理论在网球训练中的重要性不容忽视。不同运动员具有不同的学习偏好，了解这些偏好有助于教练选择合适的教学方法。例如，有些运动员倾向于通过视觉学习，而另一些则更依赖于动觉体验。通过分析运动员的学习风格，教练可以制订个性化的训练计划，增强教学效果。学习风格理论的应用不仅提高了运动员的技能水平，还增强了其对训练的投入度。

反馈机制在教学中的作用是显著的。及时反馈不仅有助于运动员技术的改进，还对其心理建设具有重要影响。通过反馈，运动员能够迅速了解自己的不足，并在教练的指导下进行调整。这种机制不仅提高了学习效率，还增强了运动员的自信心和抗压能力。在反馈过程中，教练应注意方式和时机，以确保反馈的有效性和建设性。

团队合作与协作学习在网球教学中的实践，能够显著提升运动员的社交技能与集体意识。通过团队活动，运动员不仅能够提高技术水平，还能在合作中培养团队精神和责任感。协作学习强调通过集体的力量实现个人和团队的共同进步，这种方法在增强运动员的沟通能力和应对挑战的能力方面具有积极作用。通过团队合作，运动员能够在竞争中学习合作，在合作中实现个人突破。

第二节　网球教学训练体系的基本结构与要素

一、训练体系的基本结构

（一）技术训练模块

技术训练模块在网球教学训练体系中占据核心位置，旨在通过系统化的训练方法提高运动员的整体技术水平。

技术动作的规范化训练是其中的关键环节，强调运动员在发球、击球、移动等基本动作上的标准化与一致性。这种标准化的训练不仅有助于提高运动员的技术水平，还能减少不必要的体能消耗，提高比赛中的稳定性和效率。通过科学的训练方法，运动员能够在高强度对抗中保持技术动作的稳定性，这对于比赛的胜负有着直接的影响。

战术意识的培养是技术训练模块的重要方面。通过模拟比赛情境和战术演练，运动员能够在训练中体验不同战术选择的应用与效果。这种训练方法不仅提高了运动员的战术理解能力，还增强了他们在实战中灵活运用战术的能力。通过不断的战术演练，运动员可以在比赛中快速作出最优决策，从而提高比赛的胜率。战术意识的培养需要教练的精心设计和指导，以确保运动员在训练中能够最大限度地提高战术水平。

身体素质与力量训练是技术训练模块中不可或缺的一部分。结合网球特性，设计专门的力量、速度、耐力和灵活性训练，能够显著增强运动员的竞技能力。网球比赛要求运动员具备极高的身体素质，尤其是在长时间的比赛中，良好的体能储备是获胜的基础。通过科学的身体训练计划，运动员可以提高自身的爆发力、耐力和灵活性，从而在比赛中占据优势。这种训练需要根据运动员的个人特点和比赛需求进行个性化设计，以确保训练效果的最大化。

心理素质的提升在网球训练中十分重要。实施心理训练课程，帮助运动员增强抗压能力、专注力和比赛时的应变能力，是技术训练模块的一个重要组成部分。网球比赛不仅是身体的对抗，也是心理的较量。良好的心理素质能够帮助运动员在比赛中保持冷静，及时调整心态，作出正确的判断。通过心理训练，运动员可以提高自信心和专注力，增强在关键时刻的表现能力。

（二）战术训练模块

战术训练模块在网球教学训练体系中扮演着至关重要的角色。此模块的核心在于培养运动员的战术意识，使其能够在比赛中灵活应用多种战术策略。通过模拟真实比赛情境，运动员可以在接近实际的比赛环境中理解不同战术的应用和效果。这种模拟训练不仅能提高运动员的战术选择能力，还能帮助他们在比赛中更自信地作出战术决策。战术意识的培养是一个系统的过程，需要教练和运动员共同努力，通过不断的训练和反馈，逐步提高运动员的战术水平。

对手分析与应对策略是战术训练模块中的关键要素。运动员需要具备分析对手技术特点和战术风格的能力，以便制定有效的应对策略。在训练中，运动员通过对对手比赛录像的分析，了解对手的优势和弱点，从而在比赛中采取有针对性的策略。这种分析能力的培养，不仅提高了运动员的战术素养，也增强了他们在比赛中应对不同对手的能力，使其在比赛中更具竞争力。

比赛情境演练是提升运动员实战能力的重要手段。在训练中，设计多样化的战术演练场景，让运动员在模拟的比赛压力下进行战术决策。这种训练方式可以帮助运动员在真实比赛中更从容地应对各种突发情况，增强其心理素质和实战能力。通过不断的情境演练，运动员能够提高在不同比赛环境下的战术执行力，从而在比赛中发挥出更高的水平。

团队协作与沟通训练在双打和团体比赛中尤为重要。通过训练，运动员可以提高在比赛中的战术配合与沟通能力，从而提升整体战术执行力。团队协作不仅需要默契的配合，还需要在比赛中通过有效的沟通来调整战术策略。通过系统的训练，运动员能够在比赛中更好地理解和执行团队战术，发挥出集体的最大优势。

（三）体能训练模块

在网球教学训练体系中，体能训练模块是构建运动员综合能力的关键组成部分。体能训练的基本目标在于提升运动员的力量、速度、耐力和灵活性，这些都是适应网球比赛高强度需求的必备条件。力量训练有助于增强肌肉的爆发力和耐力，速度训练能提高运动员的反应时间和移动速度，耐力训练确保运动员在长时间的比赛中保持高水平的竞技状态，灵活性训练则通过改善关节活动范围和肌肉的柔韧性，减少受伤风险并提高技术动作的准确性和效率。

制订个性化的体能训练计划是实现训练目标的关键步骤。通过对运动员身体素质的评估，教练可以了解每位运动员的身体状况和潜在的提升空间。基于这些评估结果，训练计划可以被调整得更具针对性和有效性。这种个性化的训练方式不仅能最大限度地发挥运动员的潜力，还能有效防止因训练不当而导致的伤病。同时，个性化训练计划也能提高运动员的训练积极性和参与度，因为他们会感受到训练计划是专门为他们量身定制的。

结合网球特性设计专项体能训练是提升运动员综合竞技能力的重要策略。敏捷性训练可以通过快速变向和反应练习提高运动员在场上的机动性，爆发力训练通过短时间内的高强度练习提升运动员的发力能力和瞬间加速能力，耐力训练则通过长时间的有氧和无氧训练提升运动员的心肺功能和耐力水平。这些专项体能训练不仅能提高运动员的身体素质，还能增强他们在比赛中的技术表现。

实施周期性体能测试是评估运动员体能发展状况的重要手段。通过定期的测试，教练可以获取运动员在各个方面的体能数据，并据此及时调整训练方案，以应对不同阶段的需求。这种动态调整的训练方式确保了运动员在整个训练周期中都能保持最佳的竞技状态，并为比赛做好充分准备。

营养与恢复策略的整合是体能训练模块中不可或缺的一部分。合理的饮食能为运动员提供充足的能量和营养支持，而科学的恢复训练则能帮助运动员在高强度训练后迅速恢复体能。通过营养和恢复的有效结合，运动员不仅能在训练中表现出色，还能在比赛中保持最佳状态。这种整合策略强调了饮食与恢复在体能提升过程中的重要性，确保运动员在训练后的有效恢复，为持续的高水平竞技表现奠定基础。

二、训练体系的核心要素

（一）训练目标与任务

训练目标与任务在网球教学训练体系中扮演着至关重要的角色。明确的训练目标能够确保运动员在技术、战术、体能和心理素质等方面实现全面提升。这不仅是训练体系的核心，也是衡量训练成效的标准。训练目标的设定需要综合考虑运动员的现有水平与潜力，并结合科学的评估方法，确保目标的可行性与挑战性。通过设定清晰的目标，运动员能够更好地理解训练的意义与方向，从而激发内在的动力与追求卓越的愿望。

1. 制定具体的训练任务

针对不同运动员的个体需求，训练任务需要设定短期与长期目标，以便在不同阶段实现阶段性突破。短期目标通常是具体且易于衡量的，如提高发球速度或提高耐力水平，而长期目标则可能涉及技术的全面提升或比赛成绩的显著进步。通过将长期目标分解为若干短期任务，运动员能够逐步积累成就感，增强自信心，并持续保持对训练的热情与投入。

2. 建立阶段性评估机制

定期检查运动员的训练进展，不仅有助于及时发现问题与不足，还能为训练计划的调整提供科学依据。评估机制的设计需要兼顾客观性与全面性，涵盖技术、体能、心理等多个维度。通过阶段性评估，教练能够根据运动员的表现与反馈，动态调整训练计划，确保训练的有效性与针对性，从而最大限度地发挥运动员的潜力。

3. 促进运动员的自主学习与自我管理能力

鼓励运动员主动参与训练计划的制订与调整，不仅能够提升其自我管理能力，还能增强其对训练的责任感与参与感。通过培养运动员的自我反思与自我评估能力，他们能够更好地认识自身的优劣势，并在训练中主动寻求改进与突破。这种自主学习的能力，对于运动员在职业生涯中的长期发展具有重要意义。

4. 增强团队协作意识

尽管网球是一项个人运动，但在训练与比赛中，团队的支持与协作同样不可或缺。集体训练不仅能够提高运动员的技战术水平，还能增强其团队意识与集体荣誉感。通过与队友的沟通与合作，运动员能够学习如何在团队中发挥自身的作用，并在集体的氛围中获得更多的动力与支持，从而在比赛中表现得更加出色。

（二）训练内容与方法

训练内容与方法是网球教学训练体系的关键组成部分，对运动员技术水平的提高具有重要作用。在设计专项训练方法时，需要针对不同技术动作进行细致的规划。例如，在发球训练中，强调运动员的动作连贯性和力量控制；在正手击球训练中，注重击球点的准确性和手腕的灵活性；在反手击球训练中，需要加强对身体重心转移和击球节奏的把握。通过这些专项训练，运动员能够在技术细节上不断进步，从而整体提高其竞技水平。

采用多样化的教学策略是提高运动员技术理解力和掌握能力的有效途径。示范教学能够直观地向运动员展示技术动作的标准形式，而分解动作教学则通过将复杂动作拆解为简单步骤，帮助运动员逐步掌握动作要领。此外，模拟比赛教学通过实战情境的再现，使运动员在接近真实比赛的环境中进行训练，增强其临场应变能力和技术应用水平。这些策略相结合，为运动员提供了一个全面的学习平台。

结合现代科技手段，如视频分析和实时反馈机制，可以大大提高训练的效率。通过视频分析，教练可以详细观察运动员的技术动作，找出其中的不足，并在训练中进行有针对性的指导。实时反馈机制则通过即时的信息反馈，帮助运动员在训练过程中及时纠正错误，从而促进技术动作的规范化与精准化。这种科技与训练的结合，不仅提升了训练的科学性，也增强了运动员的学习体验。

心理素质训练是提升运动员综合竞技能力的重要环节。通过冥想训练，运动员可以提高自身的专注力和内心的平静程度，从而在比赛中保持良好的心理状态。情境模拟则通过再现比赛中的压力情境，帮助运动员增强应变能力和心理抗压能力。这些心理训练方法的实施，能够有效提升运动员在比赛中的心理素质，使其在关键时刻发挥出最佳水平。

（三）训练负荷与周期安排

训练负荷与周期安排在网球教学训练体系中扮演着至关重要的角色。科学合理的训练负荷不仅能提高运动员的竞技水平，还能有效预防伤病的发生。训练负荷的科学评估是制订训练计划的基础，必须依据运动员的生理状态与心理承受能力进行全面分析。通过对运动员身体指标的监测，如心率、乳酸水平等，以及心理状态的评估，可以制定出合理的训练强度与时间安排，确保运动员在高效训练的同时，避免过度疲劳和心理压力。

周期性训练计划的制订是训练体系中的关键环节。结合运动员的比赛日程，合理安排训练周期与恢复期，以优化竞技状态。周期性训练计划通常包括准备期、比赛期和恢复期，各阶段的训练目标和内容有所不同。准备期主要是提高运动员的体能和技术水平，比赛期注重战术的运用和心理状态的调整，而恢复期则是为了让运动员从高强度的比赛中恢复过来。合理的周期性训练计划可以帮助运动员在重要比赛中达到竞技巅峰。

动态调整训练负荷是提高训练有效性的重要手段。根据运动员在训练中的表现与反馈，教练应灵活调整训练内容与强度。这种动态调整不仅能及时纠正训练中的不足，还能根据运动员的即时状态优化训练负荷，确保每一阶段的训练都能达到预期效果。通过不断的反馈与调整，训练计划可以更加贴合运动员的实际需求，提高训练的针对性和有效性。

训练负荷的个性化设计是实现运动员全面发展的重要策略。每位运动员的体能基础与技术水平各不相同，因此需要制订适合其发展的个性化负荷方案。这种个性化设计不仅能最大限度地发挥运动员的潜力，还能有效避免因不当的训练负荷而导致的伤病。个性化的训练负荷设计需要教练对运动员有深入的了解，并结合科学的评估手段，制订出最适合运动员发展的训练计划。

三、训练体系的组织管理

（一）教练团队的分工与协作

教练团队的分工与协作在网球教学训练体系中扮演着至关重要的角色。明确教练团队的角色与职责分工是确保训练体系高效运转的基础。技术教练负责运动员的技术动作指导与技战术训练，体能教练专注于提升运动员的身体素质和运动能力，而心理教练则提供心理支持与压力管理策略。通过将各自的专业领域有效覆盖与协作，教练团队能够为运动员提供全方位的支持，促进其全面发展。

1. 建立定期的团队会议机制

通过定期的沟通与讨论，教练团队可以及时调整训练策略与方案，以应对运动员在训练过程中遇到的各种挑战。这种机制不仅有助于提高教练团队的协作效率，还能增强团队的凝聚力，为运动员创造一个更有利的训练环境。通过这种方式，教练团队能够更好地了解运动员的需求和进展，从而制订更为精准的训练计划。

2. 制订教练团队的培训与发展计划

持续的培训和学习可以帮助教练掌握最新的训练方法与理论，确保他们能够适应运动员不断变化的发展需求。通过参加专业研讨会、培训课程以及与其他教练的交流，教练可以不断提高自己的专业水平。这不仅有助于提高训练的质量，也能增强教练的职业发展和自我价值感。

3. 实施教练与运动员的定期评估机制

通过收集运动员对教练指导的反馈，教练可以了解自己在教学中的不足，并及时进行调整与改进。这种评估机制可以帮助教练更好地理解运动员的需求与期望，从而提高教学的有效性。同时，这也为运动员提供了一个表达自己想法与感受的平台，有助于建立良好的师生关系。

4. 鼓励教练团队之间的跨学科合作

结合运动心理学、营养学等领域的知识，教练团队可以为运动员提供更全面的训练支持。这种跨学科的合作不仅能丰富训练内容，还能为运动员提供更加个性化的指导方案。通过整合不同领域的专业知识，教练团队能够更好地应对运动员在训练与比赛中面临的各种挑战，为其职业生涯的发展提供有力支持。

（二）训练计划的制订与执行

训练计划的制订需要充分考虑运动员的个体差异，这包括技术水平、身体条件和心理状态。每位运动员在这些方面都存在独特性，因此，制订个性化的训练计划至关重要。通过有针对性的训练安排，教练能够有效提升运动员的技术能力，同时确保他们在训练中保持良好的身体和心理状态。这种定制化的训练能够最大限度地发挥运动员的潜能，提高训练的有效性和针对性。

在制订训练计划时，明确的短期和长期目标是必不可少的。短期目标可以帮助运动员在阶段性训练中保持动力，而长期目标则为他们提供了一个清晰的发展方向。这些目标不仅体现在技术和战术的提升上，还包括体能的增强。通过科学合理的目标设定，运动员能够在训练中看到自己的进步，从而增强信心和动力。这种目标导向的训练方法能够帮助运动员逐步实现技术、战术和体能的全面提升。

在训练计划的实施过程中，定期评估其执行情况是必要的。这不仅有助于监测运动员的进步情况，还能及时收集他们的反馈。根据这些反馈，教练可以对训练计划进行调整和优化，以确保其适应运动员的实际需求和发展状态。这样的动态调整机制能够有效提高训练的质量，使运动员在训练中始终保持最佳的状态和积极性。

训练计划还需与比赛日程相结合，合理安排训练强度和恢复时间。比赛前的训练安排至关重要，过度训练可能导致运动员在比赛中表现不佳，而缺乏足够的训练又可能使他们无法发挥最佳水平。因此，合理的训练安排不仅有助于运动员在比赛前达到最佳状态，还能有效预防运动损伤。通过科学的周期化训练安排，运动员能够在比赛中发挥出色的竞技状态。

（三）训练资源的配置与利用

训练资源的配置与利用在网球教学训练体系中起着至关重要的作用。合理的资源配置不仅能够提高训练的效率，还能为运动员提供更为丰富的训练体验。在配置资源时，需全面评估现有的训练设施、器材和技术支持，以确保资源的有效性和适用性。定期评估能够帮助识别资源的不足，并及时进行调整和更新，从而维持训练的高标准和高质量。此外，评估过程还应关注资源的创新性，确保训练设备和技术支持能够跟上现代网球教学的最新发展趋势。

多样化的训练器材配置是提高训练质量的关键所在。根据不同训练模块的需求，合理配置网球训练器材，如发球机、训练网和体能器械等，可以为运动员提供针对性强的训练支持。发球机可以帮助运动员提高接发球的反应速度和精准度，而训练网则有助于提升运动员的网前技术和灵活性。此外，体能器械的合理配置能够增强运动员的体能素质，提高其在比赛中的耐力和爆发力。这种多样化的配置不仅能够满足不同训练模块的需求，还能丰富运动员的训练体验，提高他们的综合能力。

优化训练场地的使用是确保训练资源高效利用的重要措施。制订合理的场地使用计划，能够确保不同训练组在不同时段高效利用场地资源，避免冲突和浪费。合理的场地安排还能够为运动员提供更加专注的训练环境，减少外界干扰，提高训练效率。通过对场地使用的科学管理，可以最大限度地发挥场地资源的价值，为运动员提供一个良好的训练氛围，促进其技术水平的提高。

建立外部资源合作关系是获取更多训练资源和技术支持的重要途径。积极寻求与专业机构、运动科学研究中心和其他运动团队的合作，能够为训练体系注入新的活力和技术支持。这种合作不仅能够帮助获取先进的训练设备和技术，还能够通过交流学习，提高教练和运动员的专业水平。外部资源的引入可以为训练体系带来更多的创新思维和技术手段，推动训练体系的不断发展和完善。

第三节　不同年龄段网球教学训练体系的差异化构建

一、儿童阶段（6～12 岁）的训练体系

（一）兴趣培养与基础技能训练

在儿童阶段的网球教学中，激发兴趣是关键。通过游戏化的方式，不仅可以激发儿童对网球的兴趣，还能增强他们的参与感和乐趣。游戏化的训练方法能够让儿童在轻松愉快的环境中感受到运动的魅力，从而培养他们对网球的热爱。这种兴趣的培养是儿童长期坚持训练的动力来源，也是他们未来在网球领域发展的基石。

基础技能的掌握对于儿童阶段的网球学习至关重要。采用简单易懂的训练方法，帮助儿童掌握网球的基本动作，如握拍、挥拍和击球。这些基础技能是儿童在网球运动中建立良好技术基础的关键。通过循序渐进的技能训练，儿童能够在理解基本动作的同时，逐步提高自己的技术水平，为未来的进阶训练做好准备。

多样化的练习活动设计是提高儿童技能水平的重要手段。结合趣味性和挑战性的练习活动，能够促进儿童在轻松愉快的氛围中提高技能水平。多样化的活动不仅能保持儿童的训练兴趣，还能让他们在不同的情境中应用所学的技能，从而提高他们的综合能力。这种训练方式有助于儿童在网球运动中保持积极性和创造性。

儿童的身体协调性和灵活性是其运动能力的重要组成部分。在网球训练中，通过相关活动提升儿童的身体素质是非常重要的。通过专门的协调性和灵活性训练，儿童不仅能提高身体的协调性，还能为后续的技术学习打下良好的基础。这种身体素质的提升将有助于儿童在网球运动中更好地发挥自己的潜力。

团队合作与交流能力是儿童在网球学习中需要培养的重要能力。通过双打练习和小组活动，儿童不仅能提高自己的网球技术，还能培养社交能力和团队意识。团队合作的训练能够增强儿童的集体荣誉感，让他们在网球运动中学会与他人协作，理解团队合作的重要性。这种能力的培养对儿童的全面发展具有重要意义。

（二）协调性与灵敏性训练

在儿童阶段，网球教学训练的重点在于发展他们的协调性与灵敏性。这一阶段的训练不仅是为了让儿童掌握基本的网球技术，更重要的是通过一系列科学的训练方法，帮助他们在运动中形成良好的身体素质。协调性与灵敏性训练是提升儿童网球能力的基础，它能够显著提高他们在场地上的快速反应能力。通过灵活的移动训练，儿童可以在比赛中更好地应对对手的击球，从而为他们的网球之路打下坚实的基础。

设计协调性训练游戏，如接力赛和障碍赛，是一种有效的方法，能够增强儿童的身体协调性和运动控制能力。这些游戏不仅具有趣味性，还能够让儿童在愉快的氛围中不知不觉地提升自己的运动能力。通过这种方式，儿童能够在玩乐中锻炼身体，逐渐提高他们在网球运动中的表现。

采用多种球类和器械进行交替训练，是提升儿童手眼协调能力的关键。多样化的训练手段可以让儿童在不同的运动情境中锻炼自己的反应能力和精确度。通过这样的训练，儿童能够在网球运动中更准确地击球，逐渐形成良好的技术动作。另外，实施平衡训练，如单脚站立和平衡板练习，能够增强儿童的核心力量与平衡感，这为他们的技术动作提供了强有力的支持。

结合音乐与节奏训练，是一种创新的训练方式，可以培养儿童在运动中的节奏感。通过音乐与节奏的结合，儿童在训练中不仅能够提高击球时的时机把握，还能使动作更加流畅。这种训练方法不仅能够提高他们的运动表现，还能让他们在运动中获得更多的乐趣。通过系统的协调性与灵敏性训练，儿童能够在网球运动中更好地发挥潜力，为未来的网球训练奠定良好的基础。

（三）基本运动能力的全面发展

1. 全面发展基本运动能力

对于6～12岁的儿童而言，这一阶段的训练不仅为他们的身体素质打下坚实基础，还为其未来的竞技表现提供了重要支持。培养儿童的基础力量是关键。通过适当的力量训练活动，如徒手练习和轻器械训练，可以有效增强儿童的肌肉力量和耐力。这些训练不仅有助于提高他们的运动表现，还能为后续的高强度竞技活动奠定基础。

2. 提升儿童的灵活性

设计灵活性训练项目时，应包括拉伸和动态热身等活动。这些活动不仅能帮助儿童提高关节的活动范围，还能有效减少运动伤害的风险。灵活性训练的科学设计和实施，能够促进儿童在运动中的协调性和敏捷性，进而提升他们在网球场上的表现。

3. 耐力发展的促进

在训练中，可结合游戏和有趣的跑步活动来增强儿童的心肺功能。通过这些活动，儿童不仅能提高运动持久力，还能在轻松愉快的氛围中增强身体素质。耐力训练的有效性在于其趣味性和挑战性兼具，能够激发儿童的参与兴趣，同时达到提高耐力的目的。

4. 加强儿童的反应能力

采用快速反应训练，如反应球和突发性移动练习，可以帮助儿童提高在比赛中的快速决策能力。这类训练能够提高儿童的专注力和反应速度，使他们在面对突发情况时能够作出迅速而准确的反应，这对于网球比赛中的表现至关重要。

5. 培养儿童的空间意识

培养儿童的空间意识通过场地定位和移动策略训练得以实现。这种训练能够增强儿童对场地的理解，帮助他们在比赛中合理利用空间。通过模拟比赛情境，儿童可以学习如何在场地上进行有效的移动和定位，从而在实际比赛中占据有利位置。这种能力的培养不仅提升了他们的战术意识，也为他们在网球场上的综合表现提供了重要支持。

二、青少年阶段（13～18岁）的训练体系

（一）专项技术的系统化训练

专项技术的系统化训练在青少年网球教学中具有重要的地位。该阶段的训练旨在帮助青少年运动员建立扎实的技术基础，并在此基础上进行技术提升。通过系统化的训练，青少年能够在技术动作的熟练度和稳定性上取得显著进步。训练计划需要根据不同运动员的技术水平进行个性化调整，以确保训练的有效性和针对性。这种个性化的训练方法不仅有助于提高运动员的技术水平，还能激发他们的训练热情和积极性，使其在网球运动中保持长期的兴趣和投入。

专项技术的分层次训练是针对青少年不同技术水平的重要策略。通过对运动员进行技术水平的评估，教练可以制订出适合每位运动员的训练计划，确保他们在基础技术上得到充分的提升。分层次训练的核心在于根据运动员的技术掌握情况，逐步增加训练的难度和复杂性。这种循序渐进的训练方式，不仅能帮助运动员在技术上不断进步，还能有效减少因技术动作不当导致的运动损伤。分层次训练强调个体差异，注重因材施教，是青少年网球训练中不可或缺的环节。

技术动作的细节分析是提高青少年运动员技术水平的重要手段。通过视频回放和教练的细致指导，运动员可以识别和纠正技术动作中的细微错误。细节分析不仅关注运动员的动作路径和身体姿态，还包括对击球时机和力量分配的精准把控。这种分析方法有助于运动员在训练中形成正确的动作记忆，提高技术动作的效率和准确性。细节分析强调技术动作的科学性和合理性，是确保青少年运动员在技术上取得长足进步的关键。

战术应用的实际演练将专项技术与战术情境相结合，是提升青少年运动员

实战能力的重要环节。通过模拟比赛环境，运动员能够在真实的对抗中应用所学技术，增强在实战中的技术运用能力。实际演练不仅提高了运动员的技术水平，还培养了他们的战术思维和临场应变能力。通过这种实战化的训练，运动员能够更好地理解比赛节奏，掌握比赛主动权，提高整体竞技水平。

定期的技术评估与反馈机制是青少年网球训练体系中的重要组成部分。通过量化指标和教练评估，教练可以及时了解运动员的技术进展，并根据评估结果调整训练内容以适应其发展需求。评估与反馈机制不仅帮助教练掌握运动员的训练效果，还能为运动员提供明确的改进方向，增强其训练的目的性和方向感。这种机制强调训练的科学性和系统性，是确保训练效果的有力保障。

跨项技能的融合训练鼓励青少年运动员参与其他运动项目的训练，提升其综合运动能力。通过跨项训练，运动员不仅能提高身体的协调性和灵活性，还能促进技术的多样性和适应性。这种训练方式强调运动员整体素质的提升，有助于其在网球运动中表现出更强的竞争力和适应能力。跨项训练不仅丰富了运动员的训练内容，还拓宽了他们的运动视野，是青少年网球训练中值得推广的创新方法。

（二）战术意识与比赛能力的培养

战术意识与比赛能力的培养在青少年网球训练中扮演着关键角色，这一阶段的训练旨在提升运动员的综合比赛能力。通过模拟比赛情境，运动员可以在接近实战的环境中锻炼战术决策能力。这种训练方式不仅有助于运动员快速分析比赛局势，还能帮助他们在压力下作出有效的反应。模拟情境的设置需要考虑不同的比赛条件和对手类型，以确保运动员能够在各类比赛中灵活应对。

实施对手分析训练是提升比赛能力的重要手段之一。通过系统地识别对手的技术特点与战术风格，运动员可以制定相应的应对策略。这种分析训练不仅要求运动员具备敏锐的观察力，还需要他们能将分析结果应用于实际比赛中，从而增强比赛适应性。对手分析训练通常结合视频分析和实地观察进行，以确保运动员在比赛中能够迅速识别并调整战术。

设计多样化的战术演练是提高实战能力的重要途径。通过在训练中营造压力环境，运动员被迫在高强度情况下进行战术选择与执行，这不仅锤炼了他们的心理素质，也提升了其在比赛中的应变能力。多样化的战术演练包括不同类型的比赛模拟、随机战术挑战等，旨在全面提高运动员的比赛应对能力和战术灵活性。

团队协作训练在青少年阶段不可忽视。通过强调团队协作，运动员可以在双打和团体比赛中提高战术配合能力。团队协作训练不仅关注个体战术执行力，还强调整体战术的协调与配合。这种训练方式有助于运动员理解团队中每个成员的角色和职责，从而在比赛中实现更高效的战术执行。

建立战术反馈机制是优化战术表现的重要环节。通过视频回放和教练指导，运动员可以深入分析战术执行效果，并根据反馈及时调整战术方案。这种反馈机制不仅帮助运动员发现自身不足，还为他们提供了改进的方向。通过不断的反馈和调整，运动员可以在比赛中表现得更加出色，实现个人和团队的最佳表现。

（三）体能训练的针对性加强

体能训练的目标在于通过科学的方法和系统的计划，提升青少年运动员的身体素质和比赛能力。制订个性化的体能训练计划是关键，必须根据青少年运动员的身体素质评估结果，确保训练内容的针对性和有效性。通过个性化的评估，教练可以了解每位运动员的身体状况和潜在的体能发展方向，从而制订出最适合他们的训练方案。这种针对性的训练计划能够更有效地提高运动员的体能水平，避免不必要的伤害。

结合网球比赛的特点，设计专项体能训练项目是提升青少年运动员比赛表现的有效途径。网球是一项需要爆发力和耐力的运动，因此，专项体能训练项目如爆发力训练和耐力训练必不可少。爆发力训练能够帮助运动员在比赛中迅速起动和加速，而耐力训练则有助于他们在长时间比赛中保持稳定的表现。通过这些专项训练，运动员可以更好地应对比赛中的高强度对抗，并在关键时刻发挥出色。

实施动态体能测试是确保训练计划有效性的必要手段。定期评估运动员的体能发展状况，可以帮助教练及时调整训练方案，以应对不同阶段的需求。动态体能测试不仅能够监测运动员的进步，还能发现潜在的问题，从而在训练中作出相应的调整。这种灵活的训练策略能够确保运动员在整个训练周期中保持最佳状态。

强调营养与恢复策略的整合，是提高青少年运动员训练效率和获得良好竞技状态的重要因素。在高强度训练后，合理的营养补充和科学的恢复手段可以帮助运动员迅速恢复体能，减少疲劳积累，提高训练效率。通过营养与恢复策略的整合，运动员能够在每次训练中都保持良好的身体状态，从而在比赛中发挥出最佳水平。

采用交叉训练方法，引入其他运动项目的体能训练，可以促进青少年运动员的综合素质提升。交叉训练不仅能够增强运动员的体能，还能提高他们在网球比赛中的适应能力。通过参与多种运动项目的训练，运动员可以发展不同的身体素质，如灵活性、协调性和反应速度等，这些素质对网球比赛中的表现至关重要。交叉训练的多样性和趣味性也有助于保持运动员的训练积极性，避免训练疲劳。

三、成人阶段（19岁以上）的训练体系

（一）技术细节的精细化训练

技术细节的精细化训练在成人阶段的网球教学中至关重要。成人运动员在技术动作的掌握上通常已具备一定的基础，但要在高水平比赛中脱颖而出，必须在技术细节上进行深入的分析和调整。通过详细分析发球、击球等基本动作中的微小错误，运动员能够识别自身技术中的不足，从而提高技术的准确性和一致性。精细化训练不仅要求运动员在技术动作上做到精准，还要求他们在比赛中能够灵活运用多种技术，以应对不同的比赛情境。

引入视频分析技术为成人阶段的技术训练提供了强大的支持。通过视频的回放和慢动作功能，运动员可以直观地理解自己的技术动作，识别动作中的细微错误。教练可以利用这些视频资料，帮助运动员进行有针对性的调整和改进。这种技术手段不仅提高了训练的效率，还使运动员能够更清晰地看到自己在技术动作上的进步和不足。视频分析技术的应用，使技术训练更加科学化和系统化，有助于运动员在短时间内取得显著的技术提升。

专项技术训练在成人阶段的网球训练中不可或缺，尤其是对不同击球方式的细节训练。正手、反手、截击等技术动作的精细化训练，要求运动员能够在不同的比赛条件下灵活运用。这不仅涉及技术动作的准确性，还包括对比赛节奏的把握和对手动作的预判能力。通过专项训练，运动员能够在比赛中保持技术动作的一致性和稳定性，提高比赛的整体水平。此外，专项训练还可以帮助运动员在比赛中快速适应不同的对手和比赛环境。

结合心理素质训练，是成人阶段技术细节训练的一个重要组成部分。运动员在训练中需要保持高度的专注，以确保技术动作的精准执行。心理素质的提升，可以帮助运动员在比赛中更好地应对压力，保持技术动作的稳定性。通过心理训练，运动员能够在比赛中更自信地执行技术动作，从而在关键时刻发挥出最佳水平。心理训练的融入，使技术训练不仅是对身体的训练，也是对心理的全面提升。

制订个性化的技术提升计划，是确保成人阶段训练有效性的重要策略。根据每位运动员的技术水平和发展需求，设定具体的技术改进目标，可以使训练更具针对性。个性化计划的制订，要求教练对运动员有深入的了解，并根据运动员的特点和不足，设计出最适合的训练方案。通过个性化的训练，运动员能够在短期内看到技术的进步，并在长期的训练中不断完善自身的技术水平。这样的训练方式，不仅提高了训练的效率，也增强了运动员的自信心和成就感。

（二）战术体系的个性化构建

个性化战术策略的制定需深刻理解每位运动员的技术特点和比赛风格。通过分析运动员在场上的优劣势，教练可以为其量身定制战术，以便在比赛中最大化其技术优势。例如，擅长底线击球的运动员可以被指导在比赛中使用更多的底线拉锯战术，而擅长网前截击的运动员则应加强网前进攻策略。这种个性化的战术构建不仅能够提高运动员的自信心，还能在比赛中有效压制对手。

评估运动员的心理素质和应变能力是战术体系个性化构建的重要环节。在比赛中，运动员不仅需要面对技术上的挑战，还需应对心理压力和环境的变化。通过心理评估，教练可以了解运动员在压力下的表现，并据此调整战术体系。例如，在面对关键分时，心理素质较强的运动员可以采取更为激进的战术，而心理素质较弱的运动员则可能需要更为保守的战术策略。这样的调整能够帮助运动员在比赛中保持冷静，提高在不同比赛环境下的表现。

结合运动员的训练数据和比赛录像进行分析，是制定战术改进措施的有效方法。通过对比赛录像的详细分析，教练可以识别出运动员在战术执行中的成功与失败之处。这种分析不仅能帮助教练发现运动员在技术和战术上的不足，还能为其制定有针对性的改进措施。例如，通过分析发现运动员在特定情况下的战术选择不当，教练可以在训练中加强该方面的指导，以提高其战术执行能力。

在战术训练中引入多样化的比赛情境，可以帮助运动员在真实环境中灵活运用个性化战术。模拟不同比赛情境，不仅能提高运动员的战术适应能力，还能增强其在比赛中的应变能力。通过这种情境训练，运动员能够在面对不同对手和比赛条件时，迅速调整战术策略，从而提高比赛的胜率和表现。

鼓励运动员参与战术讨论与制定过程，能够增强其对战术的理解和执行力。在制定战术时，运动员的参与能够提供宝贵的实战经验和反馈，帮助教练更好地完善战术体系。这种参与感不仅能提升运动员的战术执行力，还能增强其责任感和团队合作精神，从而提升整体比赛表现。通过这种方式，运动员不仅成为战术的执行者，也是战术的设计者和优化者。

（三）体能训练的高强度优化

体能训练的高强度优化是网球训练中不可或缺的一部分，尤其对于成人阶段的运动员而言，其重要性不言而喻。在制订高强度体能训练计划时，需紧密结合网球比赛的节奏与强度。在比赛中，运动员不仅需要具备持续的爆发力，还需在长时间的对抗中保持耐力。因此，训练内容必须与比赛需求高度一致，以确保运动员在比赛中能始终保持最佳状态。通过科学合理的训练计划，运动员可以在高强度的竞技环境中游刃有余，充分发挥自身潜能。

高强度间歇训练是提升运动员爆发力与耐力的有效方法。这种训练模式通过短时间内的高强度运动与恢复期交替进行，使运动员在短时间内达到最大心率，从而提高心肺功能和肌肉耐力。间歇训练的设置应根据运动员的体能水平和训练目标进行个性化调整，以确保训练的有效性。通过这种方式，运动员不仅能提高爆发力，还能在比赛的关键时刻保持体能优势，从而在激烈竞争中脱颖而出。

功能性训练的引入为体能训练增添了新的维度。设计综合性体能训练项目，可以有效增强运动员的核心力量、灵活性与协调性。网球比赛的多变性要求运动员具备快速反应能力和全身协调性，而功能性训练正是为此而生。通过模拟比赛中的动作模式，运动员可以在训练中提升自身的运动表现，从而在比赛中应对各种复杂的情况。功能性训练的多样性和针对性使其成为体能训练的重要组成部分。

定期进行体能测试与评估是确保高强度训练有效性与安全性的关键。通过监测运动员的体能发展，可以及时调整训练方案，以适应其不断变化的体能状态。体能测试不仅能帮助教练了解运动员的进步情况，还能识别潜在的训练风险，从而采取相应措施加以防范。科学的评估和调整机制是保障运动员在高强度训练中健康发展的重要手段。

第三章　网球基本技术教学方法

第一节　正手击球技术的教学步骤与方法

一、握拍与准备姿势

（一）握拍方式选择

握拍方式是网球技术学习的基础，它直接影响击球的效果与运动员的表现。握拍方式的选择需要根据运动员的个人身体条件和打球风格进行调整。常见的握拍方式包括东方式、半西方式和西方式，每种方式都有其特点和适用场景。东方式握拍适合传统的平击球，强调稳定性和控制力，适合运动员和力量型运动员。半西方式握拍则在力量与旋转之间找到平衡，适合现代网球中快速变化的打法。而西方式握拍则更适合强旋转球的打法，适合在红土场上进行比赛的运动员。选择适合的握拍方式不仅能提升击球的力量和控制，还能在比赛中形成独特的个人风格。

握拍时手指与拍柄的接触面积对击球力量和控制有直接影响。手指的灵活性和握力决定了球拍的稳定性和击球的准确度。握拍时，手指应紧密贴合拍柄，确保在击球瞬间能够有效传递力量。不同的握拍方式对击球角度和旋转效果有不同的影响。东方式握拍更适合平击球，旋转较少，而西方式握拍则能产生更大的上旋效果，适合在底线对抗中使用。对于运动员而言，选择握拍方式时应考虑自身的身体条件，如手的大小、臂力，以及个人的打球风格，如是偏向进攻型还是防守型。

握拍练习的关键在于掌握正确的握拍姿势和纠正常见错误。运动员常见的错误包括握拍过紧、手腕过于僵硬、手指与拍柄接触不充分等。纠正这些错误需要通过反复的练习和教练的指导来实现。握拍练习可以通过握拍模拟、镜前练习等方法进行。在练习中，教练应关注运动员的手部动作，及时纠正不当的握拍姿势，帮助运动员建立正确的肌肉记忆。通过科学的握拍练习，运动员可以在比赛中更好地发挥技术水平，提高击球的稳定性和精准度，为正手击球技术的进一步提升奠定坚实的基础。

（二）站位与重心分配

站位与重心分配在网球技术中扮演着至关重要的角色。正确的站位能够显著提高击球的稳定性和准确性，是运动员必须掌握的基本技巧之一。一般来说，运动员应保持双脚分开与肩同宽的姿势，身体微微前倾，以便在击球时能够保持身体的平衡和稳定。这种站位不仅有助于提高击球的效率，还能减少受伤的风险。

重心的合理分配直接影响击球的力量与速度。运动员在学习正手击球时，应特别注意在击球瞬间将重心从后脚转移到前脚。这样的重心转移可以增强击球的爆发力，使球速更快、力度更强。通过反复练习，运动员能够逐渐掌握这种重心转移的技巧，从而在比赛中表现得更加出色。

在不同的击球情况下，如接发球和底线抽球，站位应根据具体情况进行调整。运动员需理解如何根据球的落点和对手的站位来选择合适的站位。例如，在接发球时，站位可能需要更靠近底线以便快速反应，而在底线抽球时，可能需要稍微后退以获得更好的击球角度。掌握这些技巧可以提高运动员在场上的灵活性和应变能力。

在站位时，脚步的灵活性和快速反应十分重要。运动员应进行相关的脚步训练，如侧步移动和快速起步，以提高在场上的移动能力和适应性。这些训练不仅能增强运动员的体能，还能帮助他们在比赛中更迅速地调整站位，从而更好地应对对手的进攻。

运动员应通过视频分析或教练指导，识别和纠正不当的站位和重心分配。通过观察自己的练习视频或接受教练的反馈，运动员可以发现自己在技术动作上的不足，并在后续的练习中不断优化自己的技术动作。这种不断的自我反思和调整是提高技术水平的关键步骤。

（三）拍面初始角度

拍面初始角度在网球技术中扮演着关键角色，直接影响着击球的方向和效果。运动员需要理解如何通过调整拍面角度来控制球的飞行轨迹。具体而言，拍面角度的细微调整可以显著改变球的飞行路径，从而影响比赛中的战术选择。一个正确的拍面初始角度可以帮助运动员实现预期的击球方向，提升比赛中的控制力与精确度。因此，在教学中，教练应强调拍面角度与击球方向之间的密切关系，并通过示范与练习帮助运动员掌握这一技巧。

拍面初始角度的调整对于不同类型击球（如高球、平球）的效果有着直接影响。运动员应掌握在不同情况下的拍面角度选择，以应对多变的比赛环境。例如，在面对高球时，适当的拍面调整可以帮助运动员更有效地控制球的高度和深度；而在处理平球时，角度的细微调整则能够增强击球的力量与速度。通过系统的训练与实践，运动员能够更好地适应不同的比赛情境，提高综合竞技水平。

拍面初始角度与击球旋转效果的关系是网球教学中的重要内容。运动员需要学习如何通过改变角度来实现上旋、下旋或侧旋的效果。上旋球通常需要更封闭的拍面，下旋球需要更开放的拍面。侧旋球则要求拍面在击球时有特定的倾斜角度。掌握这些技巧不仅能够丰富运动员的击球方式，还能增加比赛中的战术多样性。因此，教学中应侧重于不同旋转效果的拍面调整，帮助运动员在实战中灵活运用。

拍面角度对击球时击球点的影响是运动员需重点掌握的内容。合适的击球点选择可以显著优化击球效果，提高击球的稳定性与准确性。在教学中，教练应指导运动员通过调整拍面角度来寻找最佳的击球点位置。通过不断的练习，运动员能够更好地理解拍面角度与击球点之间的关系，从而在比赛中作出快速而准确的判断。

在练习中，运动员应通过反复尝试与反馈，寻找适合自己的拍面初始角度。每位运动员的身体条件与技术特点各不相同，因此找到最适合自己的拍面角度是提升击球稳定性与准确性的关键。教练应鼓励运动员在实践中进行多样化的尝试，并通过录像分析与同伴反馈等手段，帮助运动员不断优化拍面角度的选择，以达到最佳的击球效果。

二、挥拍动作分解

（一）引拍路径与幅度

引拍路径应遵循自然流畅的弧线，这不仅有助于减少击球时的力量损失，还能显著提高击球的稳定性。对于运动员而言，掌握这一点尤为关键，因为过于直线的引拍动作会导致击球不够精准，影响整体表现。在教学中，教练应强调引拍的自然性和流畅性，帮助运动员通过不断的练习和调整来达到最佳效果。通过对比国内外的教学方法，可以发现这种注重自然弧线的引拍路径是普遍认可的有效策略。

引拍幅度的大小直接影响击球的力量和旋转效果，是教学中需要反复强调的要点。运动员在面对不同速度和落点的球时，需要灵活调整引拍幅度，以适应多变的击球需求。在训练中，教练可以通过设置不同的练习场景，帮助运动员感受如何调整引拍幅度来达到不同的击球效果。这个过程不仅提高了运动员的技术水平，还增强了他们的场上应变能力。

手腕的灵活性在引拍过程中不可忽视。保持手腕的灵活性能够有效地控制拍面角度和击球点，避免因僵硬而导致的技术失误。运动员需要在训练中反复练习，通过放松手腕来实现更好的挥拍效果。教练可以通过案例分析，展示手腕灵活性对击球效果的影响，帮助运动员理解其重要性。这种教学方法在国内外的网球训练中都被广泛应用，并取得了显著成效。

为了提升击球的准确性和一致性，运动员应通过镜子或视频记录观察自己的引拍路径。这种自我观察和反思的过程有助于识别不当动作并进行及时调整。教练可以鼓励运动员在训练后回看视频，分析自己的动作，并制订改进计划。这种教学方法不仅提高了运动员的技术水平，还培养了他们的自我评估能力。

引拍时的身体协调性是确保良好技术表现的基础。运动员需注意上半身与下半身的配合，确保在引拍过程中保持良好的重心与平衡。通过专门的协调性训练，运动员可以提高身体各部分的协同工作能力，从而在击球时表现得更加稳定和有效。这一教学方法在国内外的网球训练中都得到了广泛的应用，成为提高运动员技术水平的重要手段。教练应根据运动员的具体情况，制订个性化的协调性训练计划，以达到最佳的教学效果。

（二）击球点位置控制

在网球教学中，击球点位置控制是正手击球技术的重要组成部分。击球点的选择直接影响球的旋转和飞行轨迹，因此，运动员需要学会根据来球的速度和角度判断最佳击球点。通过对不同来球的观察，运动员可以逐步提高判断能力，从而在比赛中作出更准确的击球选择。击球点的判断不仅仅是理论上的理解，还需要在实践中不断调整和适应，以应对多变的比赛环境。

击球点的高度调整对于不同球种（如高球、平球）至关重要。在面对高球时，运动员需要选择更高的击球点以保证球的飞行稳定性；在面对平球时，低击球点的选择有助于增加击球的力量和速度。运动员需通过反复练习，掌握在不同情况下的击球高度选择，以便在比赛中灵活应对各种球路。同时，针对不同球种的训练可以帮助运动员更全面地理解击球点高度与击球效果之间的关系。

击球点的前后位置决定了击球的力量输出和准确性，运动员应练习在合适的时机调整击球点的前后位置。击球点过于靠前可能导致击球失去控制，而过于靠后则可能影响击球的力量。因此，运动员需在训练中不断调整击球点的位置，以找到最佳的击球时机。这种调整不仅有助于提高击球的准确性，也能增强运动员在比赛中的应变能力。

（三）随挥动作完整性

随挥动作完整性在网球教学中扮演着重要角色，它不仅影响击球的效果，还关系整个动作的协调性和流畅性。随挥动作的流畅性对于击球的延续性和稳定性至关重要，尤其是对运动员而言，强调随挥的自然过渡可以有效避免因动作生硬导致的击球失误。在训练中，教练应注重指导运动员如何使随挥动作自然、连贯，从而提高击球的成功率和稳定性。

手腕在随挥过程中的灵活性对拍面的稳定性有直接影响。运动员在学习随挥动作时，应特别注意手腕的放松，以便在随挥过程中保持拍面角度的一致性。这不仅有助于提高击球的精确度，还能避免因手腕僵硬而导致的动作不协调。通过反复练习，运动员能够掌握手腕的灵活运用，从而在随挥中保持良好的拍面控制。

随挥动作的完整性对击球后的身体恢复起到关键作用。运动员需要学习如何通过随挥动作保持身体的平衡和重心的自然回位。一个完整的随挥动作能够帮助运动员在击球后迅速恢复到准备状态，为下一次击球做好准备。这种能力不仅提高了击球的连续性，也增强了在比赛中的应变能力。

三、力量与节奏训练

（一）蹬地转髋发力顺序

蹬地发力是击球力量的基础，运动员需掌握从脚底向上传递力量的正确方式。这种从下至上的力量传递不仅能增强击球的爆发力，还能帮助运动员在击球瞬间获得更大的动能。练习时，运动员应集中注意力在脚底的推动感，通过多次重复练习，体会力量从地面传递到上身的过程，进而在实战中形成自然的发力模式。

转髋动作与蹬地同步进行对于力量的有效传递至关重要。在训练中，运动员需要学习如何协调下肢与髋部的运动。通过对髋部旋转的控制，可以有效地将下肢的力量传递到上半身，从而提高击球的力量输出。运动员可以通过反复的动作分解练习，逐渐掌握下肢与髋部的协调技巧，确保在每次击球中都能实现力量的无缝传递。

在正手击球的发力过程中，身体重心的前移是实现稳定性的重要因素。运动员需练习如何在蹬地时将重心向前推动，以提高击球的稳定性。通过重心的前移，运动员能够更好地控制击球的方向和力度，从而在比赛中占据主动。训练时，教练可以通过标记地面位置的方法，帮助运动员感知重心的移动路径，并通过不断的调整和反馈，逐步提高重心转移的准确性。

蹬地与转髋的发力顺序应遵循从下到上的原则，这一原则在正手击球中尤为重要。运动员应理解如何通过脚、腿、髋部的连贯动作来增强击球的整体力量。通过对这一顺序的反复练习，运动员不仅能提高击球的力量，还能在动作的一致性和流畅性上得到提升。教练可以通过分阶段的教学，逐步引导运动员掌握这一顺序的细节，并在实际练习中不断强化。

（二）击球时机判断

运动员应注重观察来球的速度和旋转，识别不同类型球的特征，这对选择最佳击球时机至关重要。通过掌握这些特征，运动员能够在比赛中更有效地应对各种来球，提高击球的成功率和稳定性。

在接球时，运动员应通过身体的感知来判断球的落点，提前做好准备。这种感知能力的培养有助于提高击球的反应速度和准确性。通过不断的练习，运动员可以逐渐形成条件反射，在短时间内作出正确的判断和反应，从而提高整体比赛水平。

击球时机的选择与对手的动作密切相关。运动员需要学会分析对手的站位和击球习惯，以判断最佳的反击时机。这种分析能力不仅依赖对对手的观察，还需要结合自身的技术特点进行综合判断。通过训练，运动员可以在比赛中更具策略性地选择击球时机，从而占据优势。

在练习中，运动员应通过模拟比赛情境来提高时机判断能力。通过在接近实战的环境中进行训练，运动员可以逐步培养对击球时机的敏感性和判断力。这种训练方法可以帮助运动员更好地适应比赛节奏，提高实战能力。

运动员应注意击球时机与身体重心的配合。确保在最佳时机进行击球，可以提高击球的力量和稳定性。通过不断调整身体重心，运动员能够在击球瞬间获得最佳的力量输出，使每一次击球都更具威胁性和准确性。这种技术的掌握需要长时间的练习和经验积累。

（三）力量分级训练法

在网球教学中，力量分级训练法是一种重要的训练策略，旨在根据运动员的身体素质和技术水平制订个性化的力量训练计划。这种方法的基本原则在于通过科学的分级训练，提高运动员的整体击球力量和稳定性。力量训练不是单纯的肌肉强化，还需要与网球技术动作紧密结合，以确保力量输出与技术动作的协调性。通过这种方式，运动员不仅能够增强体能，还能在实战中更好地发挥出技术水平。

力量分级训练法强调不同级别的训练应侧重于不同的肌肉群。运动员需要了解各肌肉群的功能与训练方式，以便在训练中有针对性地进行肌肉强化。例如，下肢力量训练主要针对腿部肌肉，以提高移动速度和稳定性；核心力量训练则注重于腹部和背部肌肉，以增强身体的平衡和协调能力；上肢力量训练则集中在肩部和手臂肌肉，以提升击球的爆发力和控制力。这种分级训练不仅提高了运动员的身体素质，还为其技术动作的提升打下了坚实的基础。

结合网球特性设计的力量训练内容，能够有效增强击球时的爆发力和控制力。力量训练不应孤立进行，而应与技术训练相结合。通过力量训练的反馈，教练可以及时调整运动员的技术动作，确保力量输出与击球动作的协调性。例如，在进行上肢力量训练时，教练可以观察运动员的挥拍动作，并根据力量训练的效果进行技术动作的微调。这种方法不仅提高了训练的效率，也增强了运动员的技术水平。

第二节　反手击球技术的教学要点与训练手段

一、双手反拍基础

（一）双手握拍配合

在网球教学中，双手握拍是反手击球技术的重要组成部分。双手握拍的基本姿势与手指位置至关重要，每个手指的功能性和稳定性都直接影响击球时的控制和力量。正确的握拍姿势要求手指紧密配合，尤其是拇指和食指的定位，以确保拍面稳定。运动员需特别注意手指的灵活性，避免过度紧张，以便在击球瞬间能够有效地传递力量。

在双手握拍时，前手与后手的力量分配是影响击球效果的关键因素。运动员常常在力量分配上出现误区，过于依赖某一只手的力量，从而导致击球失误。正确的做法是根据击球需求调整两只手的发力比例。例如，在需要更大力量时，后手可以稍微增加发力，而在需要更精准的控制时，前手则应承担更多的引导作用。通过训练，运动员可以逐渐掌握这种力量分配的艺术，以增强击球效果。

双手握拍的灵活性与协调性在反手击球中不可或缺。在击球过程中，手腕的放松与灵活是提高击球准确性和旋转效率的基础。过于僵硬的握拍姿势会限制手腕的自然运动，影响击球的流畅性。通过练习，运动员需要学会在保持握拍稳定的同时，让手腕保持适度的灵活性，以便在击球时能够自如地调整拍面角度和旋转力度。

双手握拍对击球角度和旋转的影响是教学中的重点内容。运动员需掌握如何通过握拍方式来控制球的飞行轨迹和旋转类型。不同的握拍角度可以产生不同的旋转效果。例如，上旋、下旋或侧旋，这不仅影响球的飞行路径，还直接关系对手的接球难度。通过系统的训练，运动员可以学会根据比赛需要调整握拍角度，以达到预期的战术效果。

（二）转肩与引拍同步

在双手反拍技术的教学中，转肩与引拍的同步是一个关键要素。转肩动作的基本概念与重要性在于，它不仅影响击球的力量，还直接关系击球的准确性。肩部的旋转为击球提供了必要的动能转换，通过合理的肩部转动，运动员能够更好地控制球拍的挥动，从而提高击球的稳定性和精准度。强调转肩在双手反拍中的作用，可以帮助运动员理解如何有效利用身体的旋转来增强击球的效果。

肩部转动与引拍动作的协调性是运动员必须掌握的技能。运动员在引拍时，需要同步转动肩部，以提高击球的整体流畅性。这种协调性不仅能帮助运动员在击球时保持动作的一致性，还能防止因动作不协调而导致的失误。通过反复练习，运动员可以逐渐掌握如何在引拍过程中自然地转动肩部，从而形成一个流畅连贯的击球动作。

转肩时的重心转移是运动员需要关注的重要方面。在转肩过程中，保持身体重心的稳定至关重要。运动员应理解如何在转肩过程中合理地分配身体重量，以增强击球时的控制力。重心的稳定性不仅有助于提高击球的准确性，还能减少身体的疲劳，提高在比赛中的持久力。

双肩转动的幅度与击球效果之间存在密切的关系。肩部转动的适当幅度可以显著影响击球的力量和旋转。过大的转动可能导致动作不稳定，而过小的转动则可能无法提供足够的动能。因此，运动员应在训练中寻找适合自己的转动幅度，以在比赛中取得最佳效果。通过不断调整和优化，运动员可以找到最适合自己的击球方式。

（三）击球区域稳定性

击球区域的稳定性不仅直接影响球的旋转和飞行轨迹，还在很大程度上决定了击球的质量和效果。运动员需要掌握如何在不同击球情况下保持击球点的一致性，这样才能在比赛中有效控制球的方向和速度。击球区域的选择与身体重心的关系密不可分。运动员在击球时，必须确保身体重心与击球区域的协调，以提高击球的稳定性和准确性。通过这种协调，运动员可以更好地控制球拍的角度和力度，从而实现理想的击球效果。

反复练习是提升击球区域稳定性的有效手段。通过不断的重复练习，运动员可以逐渐提升对击球区域的敏感性，学会在比赛中快速判断并调整击球区域，以适应不同的来球情况。这种敏锐的判断能力不仅有助于提高击球的准确性，还能增强运动员在比赛中的应变能力。在训练中，运动员应进行有针对性的练习，专注于不同击球区域的控制能力。这种有针对性的训练可以帮助运动员在不同的击球情境下保持稳定的表现，从而在比赛中占据更大的优势。

击球区域的稳定性与运动员的心理因素密切相关。良好的心理素质是运动员在比赛中保持击球区域稳定的基础。运动员需要培养自信心和判断能力，以在激烈的比赛中保持冷静和专注。这种心理素质的培养不仅可以提高运动员对击球区域的自信，还能增强他们在比赛中的整体表现。通过心理训练，运动员可以学会如何在压力下保持最佳状态，从而在比赛中发挥出色。

二、单反技术要点

（一）单手握拍稳固性

单手握拍的稳固性是反手击球技术的基础，它直接影响击球的准确性和力量传递。在单手握拍时，手掌与拍柄的接触应保持均匀，这样可以确保握拍的稳定性，从而在击球时提供更好的力量传递。对于运动员而言，掌握单手握拍时的手指位置尤为重要。前手指与拍柄的结合必须紧密，这不仅增强了击球时的控制力，还能有效地防止拍面在击球时出现不必要的晃动。

在教学过程中，教师应特别关注运动员的手腕灵活性。单手握拍的手腕应保持适度的灵活性，避免僵硬。这样，运动员在击球过程中才能够快速调整拍面角度，以适应不同来球的速度和旋转。手腕的灵活性还可以帮助运动员在击球时更好地控制球的方向和落点，从而提高击球的稳定性和准确性。

此外，运动员需理解单手握拍的握力分配。前手与后手的力量应协调配合，过于依赖某一只手的力量可能导致击球不稳。在训练中，教师应指导运动员通过反复练习来巩固单手握拍的姿势。通过持续的练习，运动员可以识别并纠正因不当握拍导致的击球问题。例如，握拍过紧可能导致手腕僵硬，而握拍过松则可能导致拍面控制不佳。因此，找到合适的握力分配是提高击球质量的关键。

（二）脚步调整优先级

脚步调整的基本原则在于，运动员在击球前应迅速根据来球的速度和方向作出相应的脚步反应。这种反应的及时性直接影响最佳击球时机的把握。在实际教学中，强调运动员应优先考虑脚步的快速移动，确保能够及时到达最佳击球位置，这样可以显著提高击球的稳定性和准确性。尤其是在接发球时，脚步的灵活性和速度显得尤为重要。

不同类型的击球对脚步调整有着不同的要求。面对高球和平球，运动员需要根据球的性质调整脚步的步幅和频率。高球通常要求更大的步幅和更高的重心调整，而平球则需要更快的步频和更低的重心，以适应不同的击球需求。这种针对性调整能够增强击球的效果，使运动员在比赛中更具竞争力。在训练中，教练应指导运动员通过多种练习来掌握这些技巧，从而提高他们的综合击球能力。

脚步调整不仅涉及步幅和频率的变化，还需注重重心的转移。在移动过程中保持身体的平衡是至关重要的，这不仅有助于提高击球时的力量输出，还能增强击球的控制能力。运动员需理解并掌握如何在快速移动中保持身体的稳定性，以便在击球时能够充分发挥力量和准确性。通过系统的训练，运动员可以逐步提升其在快速移动中的平衡感和协调性。

在教学训练中，脚步移动与击球动作的协调性是提升运动员综合能力的关键。运动员应通过反复练习来提高脚步调整的灵活性和反应速度。这种训练不仅有助于增强运动员的身体素质，还能提高他们在实战中的应变能力。教练可以通过设计多样化的训练方案，帮助运动员在不同的情境下进行脚步调整，从而提高他们的实战水平和自信心。通过不断的实践和调整，运动员能够在实际比赛中更好地运用所学的技术。

（三）身体前压与平衡

在网球教学中，身体前压与平衡是反手击球技术的重要组成部分。身体前压有助于提高击球时的重心稳定性，这对于确保运动员在击球过程中能够更好地控制力量和方向至关重要。通过身体前压，运动员可以在击球时将重心有效地转移到前脚，从而增强击球的爆发力和准确性。这种技术不仅可以提升击球的速度和力量，还能改善运动员的整体表现，使其在比赛中占据更有利的位置。

身体前压的关键作用是帮助运动员在快速移动中保持平衡。快速移动是网球比赛中不可或缺的一部分，而保持平衡对于击球的成功至关重要。通过身体前压，运动员可以避免因重心过于后仰而导致的击球失误。这种技术要求运动员在移动时始终保持重心前压，以便在任何情况下都能迅速调整姿态，作出有效的击球动作。

此外，身体前压还有助于提高对来球的判断能力。运动员在击球时需要快速判断来球的速度、角度和旋转，而身体前压能够使运动员更快地作出反应，选择最佳的击球时机。通过这种方式，运动员可以在比赛中获得更高的主动权，增加得分的机会。因此，在教学中强调身体前压的重要性，可以有效提升运动员的比赛表现。

为了在训练中更好地掌握身体前压与平衡，运动员应通过专门的平衡练习来强化这种意识。这些练习包括在不同的击球情况下保持身体前压的稳定性和控制力。通过反复的练习，运动员可以逐渐培养出良好的身体前压习惯，从而在比赛中更加自如地运用这一技术。通过系统的训练，运动员不仅能够提高技术水平，还能增强在比赛中的心理素质和应变能力。

三、移动中反手训练

（一）侧向移动击球

侧向移动击球的基本站位强调双脚应保持适当的距离，以便在击球时能够快速调整重心。这样的站位不仅有助于保持身体的平衡，还能确保运动员在移动过程中始终具备良好的灵活性和敏捷性。在实际教学中，教练需要指导运动员如何通过正确的站位来提高其应对不同来球的能力，从而在比赛中占据主动。

在侧向移动过程中，身体的倾斜角度至关重要。运动员需要确保重心始终位于脚掌的中心，这样才能在击球时保持稳定性。通过对身体重心的控制，运动员可以在面对快速变化的球速和方向时，仍然能够稳定地完成击球动作。教练在训练中应特别关注运动员的重心控制，帮助他们在不同的移动速度和方向下，保持身体的最佳状态，以提高击球的稳定性和准确性。

在侧向移动时，手臂的自然放松是增强击球准确性的关键。手臂放松能够使运动员在击球瞬间快速调整拍面角度，从而更精准地控制球的方向和力度。在教学中，教练应通过一系列的练习，帮助运动员在移动中保持手臂的放松状态，同时提高其对拍面角度的感知和调整能力。这种训练不仅有助于提高击球的准确性，还能增强运动员在比赛中的自信心。

在击球前，运动员需提前判断来球的方向和速度，以便在侧向移动中作出快速反应，确保最佳击球时机。这一过程需要运动员具备良好的观察力和判断力，同时也考验其快速反应的能力。教练可以通过模拟比赛情境，训练运动员的预判能力，使其在实际比赛中能够迅速作出反应，抓住最佳的击球时机，提高整体的击球效率。

（二）开放式站位应用

开放式站位是网球教学中一个重要的技术概念，尤其在反手击球中，强调利用身体的灵活性和稳定性以增强击球效果。开放式站位的基本概念是指在击球时，双脚的站位角度较大，身体面向球网而非侧向。这种站位允许身体在击球过程中有更大的旋转幅度，从而增加击球的力量和速度。通过开放式站位，运动员能够在击球时保持更好的平衡，减少因站位不当而导致的失误，同时也能更有效地利用身体的动能，提高击球的质量。

在实际教学中，开放式站位的应用不仅仅是理论上的理解，还需要运动员在面对不同类型来球时灵活调整。不同球速和旋转的来球对站位有不同的要求，运动员需掌握如何根据具体情况调整站位，以提高反应能力和击球效率。例如，在面对快速来球时，开放式站位可以帮助运动员更快地完成准备动作，而在处理旋转球时，适当调整站位角度则有助于更好地控制球拍面，从而打出理想的击球效果。这种灵活调整站位的能力是提高运动员竞技水平的关键。

开放式站位对身体重心的影响是教学中的重要方面。运动员需要理解如何在开放式站位中保持重心的平衡，以增强击球的精准度和力量。通常，开放式站位要求运动员在击球时将重心放在后脚，以便更好地控制身体的旋转和击球方向。然而，在移动过程中，重心的调整必须与击球动作协调一致，以确保击球的稳定性和连续性。通过对重心的有效管理，运动员可以在提高击球力量的同时，保持良好的场上移动能力。

（三）后退步法技巧

在网球教学中，后退步法是反手击球技术中不可或缺的一部分。后退步法的基本概念在于通过调整站位来应对来球的变化，确保击球的稳定性与准确性。运动员需要理解如何在反手击球时通过后退步法来调整自己的位置，以便更好地适应不同类型的来球。后退步法不是简单的后退动作，而是需要在后退过程中保持身体的平衡，确保击球的有效性。

执行后退步法的技巧是反手击球训练中的关键。运动员需要掌握如何在后退过程中保持身体重心的平衡，这对于增强击球时的力量输出和控制能力至关重要。通过训练，运动员可以学会如何在快速移动中保持稳定的身体姿态，从而提高击球的精准性。后退步法不仅有助于提升击球的力量，还能帮助运动员在面对不同来球时作出更快速的反应。

后退步法在应对高球和强旋转球时的应用尤为重要。运动员需要理解如何通过后退步法来调整击球时机，以提高对不同类型球的反应能力。高球和强旋转球通常要求快速的反应和准确的击球点，后退步法可以帮助运动员在这些情况下调整自己的位置和击球策略，从而更有效地应对对手的进攻。

后退步法与其他移动方式的结合是提升整体场上适应性的关键。在比赛中，灵活切换后退步法与侧向移动的能力可以帮助运动员更好地应对各种比赛情境。通过训练，运动员可以学会如何在不同的移动方式之间进行无缝切换，这不仅提高了他们的移动效率，也增强了他们在场上的战术灵活性。

第三节　发球技术的教学难点与突破策略

一、抛球稳定性训练

（一）抛球高度标准化

抛球高度应根据运动员的身高和击球习惯进行个性化调整，以确保最佳的发球角度和力量输出。通过这种个性化的调整，运动员可以在发球时获得更好的控制力和准确性，从而提高整体发球效率。这种调整不仅有助于运动员在比赛中发挥出最佳水平，还能帮助他们在训练中更有效地掌握技术要点。

抛球的高度应保持一致性，训练中应强调每次抛球的高度相同，以增强发球的稳定性和可预测性。运动员在训练中需要反复练习，以形成肌肉记忆，从而在比赛中自然地保持抛球高度的一致性。通过这种方法，运动员能够减少发球的失误，提高比赛的得分率。此外，一致的抛球高度也有助于运动员在比赛中更好地应对对手的反应，增加比赛的胜算。

为了帮助运动员在训练中掌握抛球的标准高度，可以使用标尺或其他测量工具进行辅助。这些工具可以为运动员提供一个视觉参考，使他们在训练时更容易保持抛球高度的一致性。通过这种方式，运动员可以在训练中养成良好的抛球习惯，从而在实际比赛中更稳定地发挥。此外，使用这些工具还可以帮助教练更好地分析运动员的技术动作，提供有针对性的指导。

抛球高度的标准化训练应结合击球时机的判断，确保运动员在抛球后能够及时作出准确的击球反应。在训练中，教练应指导运动员如何在抛球后快速调整身体位置，以便在最佳时机进行击球。通过这种训练，运动员可以提高对球的控制能力，增加发球的速度和准确性。这种结合训练不仅提高了运动员的技术水平，也增强了他们在比赛中的应变能力。

在训练中，教练应通过视频回放分析运动员的抛球高度，及时纠正不当的抛球习惯，以提高发球技术的整体水平。视频回放是一种有效的教学工具，可以帮助运动员更直观地了解自己的技术动作和存在的问题。通过反复观看和分析视频，运动员可以更清楚地认识到自己在抛球高度上的不足，并在教练的指导下进行改进。这样，运动员不仅能提高自己的技术水平，还能增强自信心，在比赛中发挥出更好的表现。

（二）手臂伸直控制

手臂伸直控制是发球技术中至关重要的环节。手臂的基本姿势要求在抛球过程中保持自然放松，以避免因紧张导致动作僵硬。放松的手臂不仅有助于动作的流畅性，还能减少因肌肉紧张而产生的不必要误差。通过适当的放松练习，运动员可以更好地掌握这种姿势，并在实战中灵活运用，从而提高发球的稳定性和准确性。

在抛球的瞬间，手臂伸直时机选择至关重要。手臂应在最佳高度和角度伸直，以增强发球的力量与准确性。正确的时机选择不仅能提高发球的速度，还能提高球的落点控制。运动员在训练中需要通过反复练习，感受手臂在不同位置的发力效果，以找到最适合自己的发球节奏和动作轨迹，从而实现更高效的发球。

手臂伸直的稳定性训练是提高发球技术的关键所在。通过反复练习，运动员可以增强手臂在抛球过程中的控制力，确保每次抛球的一致性。在训练过程中，可以设置不同的情境和难度，以提高运动员的适应能力和反应速度。通过这种系统化的训练，运动员能够在各种比赛条件下保持稳定的发球表现。

力量的有效传递是手臂伸直的重要功能之一。运动员需理解如何通过手臂的伸展来有效传递力量，从而提高发球的速度和效率。发球不仅依赖手臂的力量，还需要全身的协调配合。通过科学的训练方法，运动员可以掌握力量传递的技巧，实现发球速度和稳定性的双重提升。

手臂伸直与身体其他部位的协调是实现整体发球动作流畅性的关键。手臂的伸直应与身体重心和腿部发力相结合，形成一个完整的发球动作链。在训练中，运动员需要关注全身的协调性，通过综合练习提高身体各部分的协同作用。只有在全身协调一致的情况下，才能实现高效的发球动作，提高整体技术水平。

（三）抛球落点一致性

抛球落点直接影响发球的稳定性和准确性。因此，运动员需要通过反复的训练，确保每次抛球都能在相同的空间位置精准落下。这样的训练不仅有助于提高发球的准确性，还能增强运动员在比赛中的信心。为了实现这一目标，训练中可以使用标记物或设定目标区域，这些工具能够帮助运动员视觉化抛球的落点，从而更好地掌控抛球的一致性。

抛球落点的一致性不仅依赖训练中的固定条件，还需考虑风速和场地条件的变化对抛球的影响。在不同的环境中，运动员必须学会如何调整自己的抛球策略，以应对外部条件的变化。这种对环境的适应能力是提高发球稳定性的重要组成部分。通过在不同条件下的反复练习，运动员可以逐步掌握在各种情况下保持抛球一致性的方法，从而在实际比赛中更具竞争力。

为了更深入地理解和改进抛球落点的一致性，视频分析是一种有效的手段。通过录像，运动员可以观察自己的抛球动作，识别出不一致的原因，并进行有针对性的调整。这种自我分析的过程不仅帮助运动员纠正技术上的错误，还能提高他们对自己动作的认知能力和自我反省的能力。通过不断的观察和调整，运动员可以逐步优化自己的发球技术，达到更高水平的稳定性和准确性。

心理因素是影响抛球落点一致性的重要因素。在比赛中，紧张和压力常常导致抛球失误。因此，运动员需要通过心理训练来增强自信心，减少因紧张造成的失误。心理训练可以包括放松技巧、集中注意力的方法以及自我暗示等策略，以帮助运动员在比赛中保持冷静和自信。通过这些心理训练，运动员能够在比赛中更加从容地应对压力，从而在关键时刻发挥出最佳水平。

二、发力链协调

（一）膝部屈伸时机

在网球发球技术的教学中，膝部屈伸时机的掌握是至关重要的。膝部的屈伸动作不仅影响发球的稳定性，还直接关系力量的有效输出。为了增强发球的稳定性和力量输出，膝部屈伸在发球过程中应与身体重心的前移同步进行。通过这一协调动作，运动员能够在发球时保持身体的平衡，从而提高发球的精准度和威力。

发力链的有效运作要求膝部屈伸的时机设定在手臂开始向上挥动之前。这一时机的选择确保了力量能够从下肢有效传递至上肢，使整个发球动作更加流畅和有力。若膝部屈伸过早或过晚，都会导致力量传递的中断，进而影响发球的效果。因此，正确的时机选择对于发球技术的优化至关重要。

运动员在学习过程中，需通过反复练习来掌握膝部屈伸的节奏。只有通过不断的实践，才能在实际发球中体现出整体的流畅性和一致性。这种节奏感的培养不仅提高了运动员的技术水平，也增强了他们对发球动作的自信心和掌控力。

在不同的发球类型中，膝部屈伸的幅度和角度需要根据具体的发球策略和目标进行调整。例如，在追求速度的发球中，可能需要更大幅度的屈伸，而在追求旋转的发球中，则可能需要更精确的角度控制。这种调整能力的培养，使得运动员在比赛中能根据对手的特点和比赛的需求灵活应对。

（二）腰背力量传递

腰背力量在网球发球技术中扮演着至关重要的角色，尤其在提高发球力量和准确性方面。腰背部的肌肉群协调性直接影响发球的效果，因为它是连接下肢力量与上肢动作的关键桥梁。通过正确的身体姿势，腰背力量可以有效地传递到球拍上，从而增强击球的力度和精确度。在教学中，强调腰背部肌群的协调训练，可以帮助运动员在发球时更好地控制身体的稳定性，避免因姿势不当而导致的失误。

优化腰背力量的传递需要运动员掌握正确的身体姿势。在发球过程中，保持稳定的重心和良好的姿势是至关重要的。通过合理的姿势调整，运动员可以确保腰背力量在发球时得到充分释放，从而提高发球的稳定性和威力。教学中应指导运动员通过特定的练习来感受和调整身体姿势，以达到最佳的力量传递效果。这不仅有助于提高发球的质量，还能有效减少运动损伤的风险。

发力时机的掌握是增强发球整体效果的关键。在发球过程中，腰部的转动与上半身动作的同步性至关重要。运动员需要理解如何在合适的时机启动腰背力量，以确保发球的流畅性和连贯性。教学中可以利用视频分析和实战演练来帮助运动员感知发力时机的微妙变化，从而在实战中灵活应用，提高发球的效率和威胁性。

不同类型的发球对腰背力量的传递方式有不同的要求。运动员需要根据发球策略灵活运用腰背力量，以适应不同的比赛情境。比如，平击发球和旋转发球在腰背力量的运用上有显著差异。通过教学中的案例分析，运动员可以更好地理解不同发球类型的技术特点，并在实践中加以应用。这种灵活性使发球技术更具多样性和战术性。

（三）小臂内旋技巧

小臂的旋转不仅影响球的旋转，还直接影响其飞行轨迹。通过合理的内旋动作，运动员能够在发球过程中产生更大的旋转，这种旋转可以增加球在空中的稳定性，并使其在落地时产生意想不到的变化。掌握小臂内旋的基本概念是发球技术提升的关键，尤其是在高水平比赛中，内旋的微妙变化常常是制胜的法宝。

在发球的瞬间，选择合适的小臂内旋时机是增强发球效果的核心。运动员需要在击球的最后一刻，通过小臂的内旋来增强发球的力量和准确性。这种技巧要求运动员具备良好的时机判断能力，能够在高速运动中精确控制内旋的幅度和方向。通过反复的练习和实战经验的积累，运动员可以逐步掌握这一技巧，从而在比赛中占据主动。

小臂内旋与手腕的配合是提升发球控制力的关键所在。手腕的灵活性可以为小臂的旋转提供额外的动力和角度调整空间。在发球过程中，运动员需要通过手腕的微调来控制球拍的角度和速度，从而实现更精准的发球效果。通过对手腕和小臂的协调练习，运动员可以在发球时实现更高的控制力和稳定性。

针对不同类型的发球，小臂内旋需要进行相应的技术调整。无论是平击发球、上旋发球还是切削发球，内旋的运用都需要根据发球策略进行灵活调整。运动员需要理解不同发球类型对内旋的需求，从而在比赛中灵活运用，达到最佳的发球效果。这种策略性的调整不仅提升了发球的多样性，也增加了对手的判断难度。

小臂内旋的力量传递是提高发球速度和稳定性的关键因素。通过小臂的旋转，可以将身体的力量有效地传递到球拍上，从而增加发球的速度和力量。运动员需要在练习中注重内旋力量的积累和释放，通过科学的训练方法和合理的动作结构，实现力量的最大化传递。通过不断的实践，运动员可以掌握这种技巧，为其发球增添更多的威胁和竞争力。

三、心理素质强化

（一）一发失误调整

在网球比赛中，一发失误是常见的挑战，尤其在关键时刻容易影响运动员的心理状态。因此，心理调整的重要性不言而喻。运动员需要在一发失误后保持冷静，避免负面情绪对后续表现的影响。这不仅涉及情绪管理，还需要运动员在失误后迅速调整心态，以确保下一发的成功执行。通过心理素质的提升，运动员可以在比赛中表现得更加稳定和自信。

1. 积极自我对话

运动员可以通过积极的自我暗示来重建信心和专注力。在一发失误后，运动员应鼓励自己，提醒自己具备成功的能力。这种自我对话不仅能缓解紧张情绪，还能帮助运动员集中注意力在接下来的比赛中。通过反复的训练和心理建设，运动员可以逐渐增强自我对话的效果，从而在比赛中获得更好的心理状态。

2. 设定短期目标

运动员在发球后应设定明确的短期目标，如专注于下一发的技术细节，而非纠结于刚刚的失误。通过关注具体的技术动作，运动员可以将注意力从失误转移到可控的因素上。这种方法不仅有助于提高技术执行的准确性，还能在心理上给予运动员一种掌控感，减少失误带来的负面影响。

3. 模拟压力环境

通过在训练中模拟比赛中的压力情境，运动员可以提高在关键时刻应对失误的能力。这种模拟训练有助于增强运动员的心理韧性，使其在实际比赛中能够更好地应对压力和挑战。通过不断的压力测试，运动员可以逐渐适应高压环境，从而在比赛中表现得更加从容和自信。

4. 失误分析与反馈

在训练后，指导运动员进行失误原因分析，能够帮助其从错误中学习并进行有针对性的调整。这种分析不仅包括技术层面的反思，也涉及心理因素的考量。通过系统的失误分析，运动员可以识别出自身的薄弱环节，并在后续训练中进行有针对性的改进，从而不断提高整体竞技水平。

（二）关键分发球策略

针对关键分的发球策略，应结合对手的弱点进行全面分析。通过观察对手的站位和比赛习惯，选择有针对性的发球以增加得分机会是非常有效的。例如，在对手习惯于站在底线附近时，可以选择角度较大的发球来迫使对手移动，从而创造有利的得分条件。这种策略不仅需要对对手的深入了解，还需在比赛中灵活应变，以便在关键时刻有效实施。

在进行关键分发球的情况下，选择合适的发球类型能够显著影响比赛的节奏。运动员可以根据比赛的具体情况决定是采用强力发球还是变化发球，以此来干扰对手的接发球节奏。强力发球可以通过速度和力量直接施压对手，而变化发球则通过旋转和落点的变化来增加对手的判断难度。这种策略需要运动员具备良好的发球技术和比赛经验，以便在瞬息万变的比赛中作出最佳选择。

心理素质的调整对于关键分的发球至关重要。运动员在关键分发球时需保持冷静，专注于发球技术而非外界压力，以提高发球成功率。心理素质的培养可以通过日常训练中的模拟比赛情境来实现，使运动员在高压环境下依然能够稳定发挥。通过不断的心理训练，运动员可以在比赛中保持专注，从而在关键时刻发挥出最佳水平。

发球落点的多样性是关键分发球策略中的重要因素。通过改变发球的落点，运动员可以增加对手的判断难度，从而提升得分概率。不同的落点变化不仅能打乱对手的节奏，还能迫使对手在接发球时犯错。运动员需要在训练中不断尝试不同的发球落点，以便在比赛中灵活运用，提高发球的威胁性。

（三）节奏拖延应对

在网球比赛中，节奏拖延是一种重要的心理战术。运动员需要在心理上做好准备，以应对比赛中的紧张局面。深呼吸和自我暗示是有效的心理调节手段，能够帮助运动员在比赛中降低紧张感，保持心理稳定。通过这些方法，运动员可以在关键时刻保持冷静，避免因紧张导致的失误。这种心理准备不仅是为应对节奏拖延，还是整体心理素质强化的重要组成部分。

在比赛中，利用节奏拖延可以有效打乱对手的节奏。运动员需要学习如何通过延迟发球来影响对手的心理预期，从而增加对手接发球的难度。这种策略要求运动员具备良好的心理素质和战术素养。通过节奏的变化，运动员可以在比赛中掌握主动权，使对手陷入被动局面。这一策略的成功实施需要教练在训练中进行详细指导和模拟。

训练中模拟节奏拖延的情境是提高运动员比赛应对能力的重要手段。在训练中，教练可以通过设定不同的比赛节奏，让运动员在模拟比赛中体验节奏拖延的效果。通过这种方式，运动员能够逐渐适应不同的比赛节奏，从而在实际比赛中更好地应对节奏变化，提高在关键时刻的应对能力。这种训练方法不仅提高了运动员的技术水平，也增强了其心理素质。

掌握节奏拖延的时机选择是运动员需要重点学习的内容。在比赛中，节奏拖延的使用时机直接影响发球的成功率。运动员需要理解比赛中的节奏变化，判断何时适合使用节奏拖延策略，以最大化发球的成功率。这需要运动员在训练中积累经验，并在比赛中灵活运用。通过不断的实践，运动员能够在比赛中更加自如地运用节奏拖延策略。

第四节　截击与高压球技术的教学创新与实践

一、网前站位选择

（一）截击最佳距离

截击技术在网球比赛中占据重要地位，其最佳距离的选择直接影响运动员的击球效果。截击时的最佳距离是一个动态的概念，需要根据来球的速度和角度进行实时调整。这种调整不仅能确保运动员在最佳击球区域内完成击球，还能提高击球的精准度和效率。理想的截击距离通常位于网前 12 米处，这一距离能够使运动员在来球时快速反应，并有效利用身体重心进行击球。这样的站位不仅能增强运动员的防守能力，还能为进攻创造更多的机会。

在选择截击距离时，运动员需要综合考虑自身的移动能力和对手的站位。只有在充分了解自身技术特点和对手策略的基础上，运动员才能在合适的时机作出快速决策。这种决策能力不仅需要在训练中不断磨炼，还需要运动员在比赛中灵活运用。截击的最佳距离与运动员的击球风格息息相关，强调个人技术特点在距离选择中的重要性。因此，运动员在训练中应注重发展自己的独特风格，以便在比赛中发挥最大优势。

为了帮助运动员找到并巩固适合自己的截击距离，训练中可以模拟不同的来球情境。这种情境训练不仅能提高运动员对不同来球的应对能力，还能增强其在比赛中的临场反应速度。通过不断的实战模拟，运动员能够在动态变化的比赛环境中，灵活调整自己的站位和击球策略，从而提高整体的竞技水平。这样的训练方法，不仅有助于运动员在比赛中取得更好的成绩，也为网球教学的创新与实践提供了新的思路。

（二）双打抢网时机

在网球双打比赛中，抢网时机的选择是影响比赛结果的重要因素之一。运动员需要通过对对手击球动作的观察来判断抢网的最佳时机。具体而言，运动员应注意对手准备击球的瞬间，捕捉对手的身体姿态和拍面角度，这些细微的动作变化可能预示着来球的方向和力度。通过这样的观察，运动员能够在对手击球的瞬间作出前冲的决策，从而提高抢网的成功率。此外，运动员还需根据对手的击球习惯来预判可能的来球路径，以便提前做好准备。

在双打比赛中，抢网时机的选择不仅依赖对对手动作的观察，还需要考虑搭档的位置与动作。运动员之间的沟通与默契是成功抢网的重要保障。运动员应与搭档保持良好的沟通，明确各自的责任区域和抢网策略。尤其在对手击球前，运动员应通过眼神交流或口头指令确认彼此的意图，以确保在抢网时能够相互配合，避免因误判或配合不当而造成失误。默契的配合不仅能提高抢网的成功率，还能有效压制对手的进攻。

为了提高抢网时机的判断能力，运动员需要通过大量的练习来增强对来球速度和角度的判断能力。在训练中，教练可以设计一系列模拟不同比赛情境的练习，以帮助运动员提高对抢网时机的敏感性。通过反复的练习，运动员可以更好地适应不同的来球速度和角度，从而在适当的时机向前移动，提高截击的成功率。这样的训练不仅能提高运动员的技术水平，还能提高其在比赛中的反应速度和决策能力。

抢网时机的选择应结合场上局势进行分析。运动员需要根据对手的站位和击球习惯来判断最佳的网前截击时机。通过分析对手的站位，运动员可以预判对手可能的击球方向和力度，从而选择合适的时机进行截击。此外，了解对手的击球习惯也有助于运动员提前好出准备，提高抢网的成功率。在比赛中，运动员应时刻保持警觉，及时调整自己的站位和策略，以应对对手的变化。

（三）高压球后退路线

高压球后退路线是网球基本技术中至关重要的一部分，尤其在面对高压球时，运动员如何选择合适的移动路径直接影响击球的效果。高压球后退路线的基本概念强调运动员需根据来球的速度和角度，选择合适的移动路径。这不仅要求运动员对来球有快速的判断能力，还需具备良好的场上位置感，以确保能够及时回到最佳击球位置。这一过程中，运动员的站位与步伐的协调性尤为关键，因为只有在稳定的站位下，才能更好地进行下一步的击球准备。

在高压球后退过程中，重心控制是一个关键因素。运动员需保持身体重心的稳定，以避免因重心不稳导致的击球失误。重心的稳定不仅有助于提高击球的准确性，还能确保在后退过程中能够有效发力。运动员在移动时，应注意重心的转移与调整，确保在快速后退时，能够保持身体的平衡与协调。这种能力的培养需要通过大量的专项训练，以提高运动员在实战中的应变能力。

高压球后退路线的灵活性也不容忽视。运动员在移动过程中，应根据场上局势灵活调整后退路线，以适应对手的击球变化和场地条件。这种灵活性要求运动员具备良好的场上观察力和快速反应能力。面对不同的对手和比赛环境，运动员需不断调整自己的后退策略，以提高比赛的竞争力。这不仅是对运动员身体素质的考验，也是对其心理素质和战术意识的挑战。

在后退过程中，脚步的协调性是确保击球稳定性的重要因素。运动员需注意脚步的快速反应与移动节奏，以确保在后退时能够迅速调整位置。脚步的协调不仅影响击球的稳定性，还直接关系运动员在场上的灵活性与反应速度。通过系统的步伐训练，运动员可以提高自己的移动能力，从而在比赛中更好地应对各种复杂局面，保持良好的竞技状态。

二、反应速度训练

（一）多球连续截击

多球连续截击训练是一种行之有效的方法，能够显著提升运动员的反应速度和击球稳定性。在网球比赛中，运动员经常面临快速变化的比赛节奏和不同的击球情境，因此，具备快速反应和稳定击球的能力至关重要。通过多球连续截击训练，运动员可以在短时间内应对多个来球，增强其在比赛中的应对能力。这种训练方法不仅提高了运动员的反应速度，还能帮助他们在比赛中保持击球的稳定性，减少失误。

在多球连续截击训练中，教练通常会设置不同速度和角度的来球，以模拟比赛中的多样化击球情境。这种多样性有助于运动员适应不同的比赛情况，提高其技术灵活性。通过不断变化的球速和角度，运动员能够锻炼自己的反应能力，并在面对不同类型的来球时作出迅速且准确的判断。此外，这种训练还可以帮助运动员提高在快速节奏下的击球能力，增强其在比赛中的技术表现。

通过多球连续截击训练，运动员不仅可以提高对击球节奏的把握，还能提升在快速交替击球中的控制力与准确性。多球连续截击训练要求运动员在短时间内完成连续的击球动作，这需要他们在每一次击球时都保持高度的专注和精准的控制。通过反复的练习，运动员可以逐渐提高自己的击球节奏感和击球准确性，从而在比赛中更好地掌控比赛节奏，打出高质量的击球。

多球连续截击训练应结合身体协调性与脚步移动的练习，以确保运动员在截击时能够快速调整站位和重心。网球是一项需要全身协调配合的运动，运动员在进行多球连续截击训练时，不仅需要快速的手眼协调能力，还需要灵活的脚步移动和稳定的身体重心。通过结合身体协调性和脚步移动的训练，运动员可以在截击时快速调整自己的站位和重心，从而更有效地应对不同的来球，提高击球的效率和准确性。

（二）灯光信号反应

灯光信号反应训练通过视觉刺激来提高运动员的反应速度和判断能力，是适应快速变化比赛环境的有效方法。灯光信号作为一种外部刺激，通过不同颜色和闪烁频率的变化，模拟比赛中的多样化情况，帮助运动员在不同情境下进行快速反应训练。这种训练方法不仅考验运动员的瞬间反应能力，还要求他们在短时间内作出准确的判断，从而提高比赛中的实战能力。

灯光信号反应训练的基本原理在于通过视觉刺激增强运动员的反应能力。在训练中使用不同颜色和闪烁频率的灯光信号，模拟比赛中的多变环境，使运动员能够在复杂情境下迅速作出反应。这种训练方法强调视觉与动作的协调性，要求运动员在反应过程中保持正确的击球姿势和动作。通过这种方式，运动员不仅能提高反应速度，还能在高压情况下保持技术动作的稳定性，从而提高训练的有效性和实战能力。

灯光信号反应训练与击球技术的结合是提高训练有效性的重要策略。在训练中，运动员需要在灯光信号的刺激下，迅速作出正确的击球动作。通过这种训练，运动员可以在提高反应速度的同时，确保技术动作的准确性和稳定性。定期进行灯光信号反应训练，不仅能提升运动员的注意力集中能力和瞬时决策能力，还能增强他们在比赛中的临场应变能力。这种训练方法为运动员提供了一个模拟实战的环境，使他们能够更好地应对比赛中的挑战。

（三）随机来球预判

在网球基本技术教学中，截击与高压球技术的训练不仅要求运动员具备良好的技术基础，还需要他们在快速变化的比赛环境中具备出色的反应速度。随机来球预判作为反应速度训练的重要组成部分，强调运动员需根据对手的击球习惯和场上局势进行快速判断，以提高反应速度。这一过程不仅考验运动员的技术能力，更是对其观察力与思维敏捷度的综合挑战。通过系统的训练，运动员可以在比赛中更好地掌控场上局势，从而提高整体竞技水平。

在随机来球预判中，观察对手的站位与动作是关键。运动员通过细致观察，可以提前预判来球的方向和速度，从而作出更有效的移动和击球准备。这种观察能力的培养不仅需要运动员在训练中保持高度的专注，还需要教练在训练设计中有针对性地加入各种模拟对手击球的情境。通过对对手击球习惯的分析，运动员可以在比赛中占据主动，减少被动应对的情况，提高比赛中的反应速度和决策能力。

多样化的来球情境训练是提升运动员预判能力的重要手段。在训练中，教练应设计不同的来球条件，帮助运动员在不同的击球条件下培养预判能力。这种训练方式不仅可以增强运动员的应对能力，还能提高他们在面对各种复杂比赛情境时的自信心。通过不断的情境模拟，运动员可以在比赛中更快地作出反应，减少因来球不确定性带来的失误，提升整体的比赛表现。

视频分析技术的应用为随机来球预判训练提供了新的视角。通过回顾比赛或训练中的随机来球情境，运动员可以识别出自身预判中的不足，并进行有针对性的改进。这种技术手段的引入，不仅提高了训练的科学性，还为运动员提供了自我反思与进步的机会。通过对自身表现的分析，运动员可以在训练中不断优化自己的预判能力，从而在比赛中表现得更加出色。

心理素质的培养在随机来球预判中同样至关重要。运动员需通过心理训练增强自信心，以提高在不确定情境下的决策能力。面对随机来球，良好的心理状态可以帮助运动员在瞬息万变的比赛中保持冷静，作出最佳的判断和决策。心理素质的提升不仅有助于提高运动员的反应速度，还能增强他们在比赛中的整体表现，使其在激烈的竞争中脱颖而出。

三、组合技术应用

（一）截击后跟进战术

截击后跟进战术在网球比赛中扮演着至关重要的角色。其基本原则是快速恢复站位，确保在击球后能够迅速回到最佳位置，以便应对对手的反击。这一战术的精髓在于运动员在截击后，能够根据对手的站位和球的轨迹，迅速判断最佳的跟进路线。通过这种方式，运动员可以提高对下一球的控制能力，增强比赛中的主动性和攻击性。

在实施截击后跟进战术时，身体重心的合理转移是关键因素之一。运动员需要在移动过程中保持良好的平衡，以增强后续击球的稳定性。这不仅要求运动员具备出色的身体素质和协调能力，还需要在训练中反复练习，以掌握这一技术的细节。同时，运动员在截击后应随时保持警觉，注意对手的动作变化，以便及时作出反应，调整自己的战术策略。这种灵活性和应变能力是成功运用截击后跟进战术的关键。

为了在比赛中有效地应用截击后跟进战术，训练中需结合模拟比赛情境进行相关练习。这种方法有助于运动员在实际比赛中提升应变能力和战术执行力。通过模拟对手的多种可能反应，运动员可以更好地理解和掌握截击后跟进战术的应用场景和技巧。此外，案例分析也可以帮助运动员从理论上理解这一战术的效果和局限性，为其在比赛中的运用提供理论支持和实战指导。通过不断的训练和实战，运动员能够在比赛中更加自信和从容地运用截击后跟进战术，提高整体竞技水平。

（二）高压球变线选择

在网球技术教学中，高压球的变线选择是一个重要的技能，它不仅考验运动员的技术水平，还涉及战术意识的培养。高压球变线选择的基本原则是根据对手的站位和场上局势，灵活调整击球方向，以增加对手的判断难度。通过观察对手的位置，运动员可以选择将球击向对手的反方向或空当区域，从而迫使对手移动，增加对方回球的难度。这种灵活的击球策略要求运动员在瞬息万变的比赛中快速作出判断，并且能够根据对手的反应及时调整自己的击球计划。

掌握不同击球角度的变化是实现高压球变线的关键。在训练中，运动员需学习如何通过改变拍面的角度和力量来控制球的旋转和飞行轨迹，从而提升击球的威胁性。不同的击球角度可以产生不同的球路和速度，使对手难以预判和应对。这种技术的精髓在于对球拍控制的细腻程度和对球路变化的敏锐感知，只有通过大量的练习和实战经验的积累，运动员才能在比赛中自如地运用这些技巧。

在进行高压球变线选择时，运动员还需结合自身的击球风格和力量，确保在变线过程中能够保持击球的稳定性和准确性。每位运动员的击球风格各异，有的运动员以力量见长，有的则以技术细腻著称。因此，在变线选择时，运动员应根据自身特点进行调整，以确保变线后的击球仍然具有足够的威胁性，同时保持较高的命中率。这种个性化的调整需要运动员对自身能力有清晰的认识，并在训练中不断磨炼以达到最佳状态。

在训练中，模拟对手的反应是提升运动员在高压球情况下快速作出变线决策能力的重要手段。通过模拟不同类型对手的回球方式和场上移动，运动员可以更好地预判对手的反应，并在此基础上制定相应的变线策略。这种训练不仅提高了运动员的应变能力，还增强了他们在比赛中处理复杂局面的信心。此外，通过与不同风格的对手进行对抗，运动员可以积累更多的实战经验，从而提高在比赛中的临场发挥水平。

心理素质的培养在高压球变线选择中至关重要。在比赛的关键时刻，运动员需保持冷静和专注，以提高决策质量。高压球往往出现在比赛的关键分中，此时运动员的心理状态直接影响其决策的准确性和执行的成功率。通过心理训练，运动员可以学会在压力下保持镇定，专注于当前的每一个击球，从而在关键时刻作出更为理智和有效的决策。这种心理素质的提升不仅有助于高压球的变线选择，也对整体比赛表现产生积极影响。

（三）反弹截击衔接

反弹截击技术在网球比赛中扮演着至关重要的角色，尤其是在面对快速且具有挑战性的来球时。反弹截击的基本技术要领在于准确判断来球的反弹角度，这不仅需要敏锐的观察力，还要有快速的反应能力。击球瞬间的判断直接影响截击的成功率，运动员需通过大量的练习提高这方面的能力。在训练中，应该注重培养运动员的球感和反应速度，使他们能够在瞬息万变的比赛中作出正确的技术选择。

在进行反弹截击时，身体重心的转移是技术成功的关键之一。运动员需掌握如何在击球后的瞬间快速恢复身体重心，并进行有效调整，以便为下一次击球做好准备。重心的快速调整不仅能够提高击球的稳定性，还能增强运动员在场上的灵活性和应变能力。这一过程需要通过系统的训练和实践来实现，教练应指导运动员在不同的场景下进行重心转移的练习，以提高他们的实战能力。

反弹截击不仅是技术层面的较量，也是心理战术的运用。运动员在训练中应学会观察对手的反应，选择最佳的击球时机与方向。对手的心理变化往往能为自己的战术选择提供重要线索，因此，运动员需具备敏锐的观察力和良好的心理素质。通过对对手反应的分析，运动员可以有效地选择反弹截击的时机，从而在比赛中占据主动。

脚步移动技巧在反弹截击中同样不可或缺。运动员需要学习如何在击球前进行有效的脚步调整，以确保自己处于最佳位置进行截击。脚步的灵活和快速调整不仅能提高击球的准确性，还能增强整体的场上表现。在训练中，教练应设计多样化的脚步练习，帮助运动员在不同的比赛情境下灵活应对。

反弹截击后的战术选择直接影响比赛的走向。运动员应根据来球的变化与场上局势灵活调整击球策略，以提高整体比赛表现。战术选择不仅需要技术支持，还需结合对场上形势的判断和对手的分析。通过案例分析和模拟训练，运动员可以积累丰富的实战经验，提升在比赛中的战术应变能力。

第四章　网球战术教学方法

第一节　网球单打战术的基本策略

一、发球局战术设计

（一）一发攻击性强化

在网球单打比赛中，发球局的战术设计至关重要，尤其是一发的攻击性强化。发球作为比赛中唯一由发球方完全掌控的环节，其效果直接影响整局的节奏和对手的应对策略。通过对一发的攻击性进行强化，运动员可以在比赛中占据主动。选择一发的落点时，应结合对手的站位和技术弱点，力求将球打向对手最难接到的区域。这不仅能增加直接得分的机会，还能迫使对手在不利位置回球，为下一拍的进攻创造有利条件。

为了提升一发的威胁性，运动员需不断增加发球的速度和旋转。高速度的发球可以缩短对手的反应时间，而旋转的变化则可以增加发球的不确定性，使对手难以预判。通过这种方式，发球方能够迫使对手提前作出反应，从而降低其接发球的质量。同时，运动员应灵活运用变化发球策略，包括平球、上旋球和切削球的组合。这些变化不仅能够打乱对手的接发球节奏，还能有效利用场地的不同区域，进一步增加发球的攻击性。

在发球的过程中，运动员还需注重身体重心的转移，以确保发球动作的流畅性和稳定性。一个稳定的发球动作不仅能够提高发球的准确性，还能增强发球的攻击性。通过正确的重心转移，运动员可以在发球时将更多的力量传递到球上，从而提高发球的速度和旋转。此外，在发球后迅速进入攻击位置，准备迎接对手的回球，也是发球局战术设计的重要组成部分。通过迅速调整位置，运动员可以更好地控制局势，准备进行下一步的进攻，增强对比赛的掌控力。

（二）二发旋转变化

在网球比赛中，二发的旋转变化是发球战术设计中的关键组成部分。二发的旋转类型应根据对手的特点进行选择。例如，采用上旋球可以增加球的高度和落点，从而迫使对手产生失误。上旋球的使用不仅能有效地控制比赛节奏，还能在对手不适应的情况下增加其回球的难度。通过选择合适的旋转类型，发球者可以在比赛中占据主动地位，进而提高比赛的胜率。

二发的旋转力度变化是一个重要的策略，通过改变旋转力度，可以增加对手的判断难度，使其难以适应不同的回球节奏。在比赛中，发球者可以通过调整旋转力度，打破对手的节奏，迫使其在回球时出现失误。这种策略要求发球者具备良好的球感和对旋转的控制能力，以便在比赛中灵活运用不同的旋转变化来影响对手的表现。

在二发时结合切削球的使用，可以有效降低球的飞行轨迹，增加对手接球的难度。尤其在风大或场地条件不佳时，切削球的运用能显著提高发球的稳定性和威胁性。切削球通过其独特的旋转和轨迹变化，迫使对手在不利条件下进行接球，从而为发球者创造更多的进攻机会。

在二发过程中，身体重心的调整至关重要。发球者需要通过重心的合理转移，确保旋转的稳定性，同时提高击球的准确性和威胁性。良好的重心控制不仅能增强发球的稳定性，还能为随后的击球提供更好的准备条件。这种身体控制能力需要通过长期的训练和实践来培养，以便在比赛中发挥出最佳水平。

利用二发的旋转变化，发球者可以创造机会进行随后的进攻，快速转移至网前，增强对比赛节奏的控制。通过二发的变化，发球者能有效地打乱对手的防守体系，为自己的进攻铺平道路。快速的网前转移不仅能增加对手的心理压力，还能提高自身的得分效率。这种策略需要发球者具备良好的战术意识和快速的反应能力，以便在比赛中灵活运用。

（三）发球上网时机

发球上网时机不仅决定了战术的成败，还影响着比赛的节奏和运动员的心理状态。首先，判断对手回球的质量是选择上网的关键。若对手回球偏软或落点较浅，便是上网的好时机。此时，上网可以有效压制对手的反击能力，迫使对手在不利的情况下进行回球。其次，观察对手的站位也是决定上网时机的一个重要因素。如果对手站位较后，意味着其回球的时间和空间都受到限制，这时选择上网可以增加自己的进攻威胁，迫使对手在压力下作出反应。

发球后的迅速观察和场地控制是发球上网成功的基础。在发球后，运动员应立即观察对手的站位和动作，若发现对手站位较后或移动迟缓，可以果断选择上网。同时，利用发球后的场地控制，提前预判对手的回球方向，做好准备以便及时上网进行截击。通过这种方式，运动员能够在对手未完全准备好时占据有利位置，从而提高得分的可能性。此外，发球上网时还需结合对手的习惯和心理状态进行选择。若对手在面对发球上网时表现出不安或处理不佳，运动员可以利用这种心理优势，选择适当时机上网，增加对手的心理压力，使其在心理负担下失误增多。

发球后的快速移动是发球上网成功的关键因素。通过在发球后的迅速移动，运动员可以在对手准备不足时上网，创造更多的得分机会。这种快速移动不仅需要良好的身体素质和反应能力，还需要运动员具备敏锐的判断力和战术意识。在实战中，运动员应根据比赛局势和对手的表现，灵活调整发球上网的时机和方式，以最大化地发挥战术的效果。

二、接发球局战术

（一）接一发保守策略

接一发保守策略在网球单打中至关重要，尤其是在面对高水平对手时，这一策略能够有效降低失误率。接一发时，运动员应保持稳定的站位，这不仅有助于维持身体的平衡，还能确保重心适中，从而在接球时能够快速反应。站位的稳定性使运动员能够迅速调整击球角度，以应对不同的发球类型。通过这种方式，运动员能够在接发球时保持较高的回球成功率，从而为下一拍的回合争取更多的主动权。

在接一发的过程中，优先选择回球的安全区域是降低失误率的关键。与冒险击球相比，选择安全的回球策略能够有效减少因失误而导致的比分损失。运动员在训练中需不断强化这一意识，明确识别场地上的安全区域，并在比赛中灵活运用。通过这种保守的策略，运动员不仅能够稳住比赛节奏，还能迫使对手在回合中犯错，从而间接获取比分优势。

接一发时，对对手发球习惯的观察与判断是制定接发策略的重要环节。通过对对手发球动作的细致观察，运动员能够提前判断发球的类型和方向。这种预判能力需要在日常训练中不断积累，通过模拟比赛环境下的练习，提高运动员的观察力和判断力，从而在实战中做出更为精准的应对策略。这不仅提高了接发球的成功率，还能在心理上对对手形成一定的压制。

在接一发时，合理运用击球技术，如推挡或反击，能有效保证回球的稳定性和准确性。推挡技术可以帮助运动员在面对快速发球时，稳定地将球回到对方场地，而反击则是在对手发球质量不高时争取主动的有效手段。这些技术的掌握需要结合运动员的个人特点和对手的发球特征进行选择和应用，以达到最佳的比赛效果。

接一发后，迅速调整位置以迎接对手的反击是保持比赛主动权的关键。运动员需要在每一次接发后立即恢复到最佳的准备状态，以便应对对手可能的反击。这一过程要求运动员具备良好的场地意识和快速的移动能力，通过训练提高反应速度和判断力，确保在比赛中始终保持对局势的控制。通过这种方式，运动员能够在比赛中始终保持主动，掌握比赛节奏。

（二）接二发抢攻要点

在网球单打比赛中，接二发抢攻是一个至关重要的策略。接二发时，运动员需要迅速判断对手的发球方式，这要求运动员具备敏锐的观察力和快速的反应能力。通过分析对手的发球风格和习惯，运动员可以选择适当的击球时机。此时，确保能够在对手未准备好的情况下进行攻击是关键，这不仅能打乱对手的节奏，也能为己方赢得战术上的主动权。接发球局中的这种策略，不仅考验运动员的技术水平，同时也对其心理素质提出了更高的要求。

接二发抢攻的一个关键在于站位的灵活性。运动员应根据对手的发球位置和自身的战术计划，灵活调整站位，选择适当的角度和力度进行回球。通过这种方式，可以最大限度地增加对手的接球难度，使对手在应对时感到压力。站位的调整不仅是位置的变化，也是对比赛局势的洞察和预判能力的体现。通过合理的站位，运动员可以在对手的回球路径上制造障碍，从而提高得分的机会。

在接二发时，前场压迫策略是运动员常用的战术手段之一。通过在接球后迅速向前场移动，运动员可以施加更大的压力，争取通过强攻直接得分或迫使对手出现失误。这种策略要求运动员具备良好的爆发力和快速移动能力，以确保在短时间内完成从接球到进攻的转换。前场压迫不仅是一种进攻手段，也是一种心理战，通过持续的压力迫使对手在慌乱中犯错。

结合对手的习惯和心理状态，适时变换击球方式是提高成功率的有效方法。运动员可以通过观察对手在不同情况下的反应来调整自己的击球策略，增加对手的判断难度。这种策略的成功实施依赖运动员对比赛节奏的掌控能力和对对手心理的精准把握。在比赛中，灵活多变的击球方式不仅能打破对手的防守，还能有效地扰乱对手的心理防线。

注意保持身体重心的稳定是接二发抢攻中不可忽视的要点。在迅速移动和击球过程中，运动员需要确保身体的平衡，以便在接球后的快速移动中及时调整位置。身体重心的稳定性直接影响运动员的击球质量和随后的移动速度。在高强度的比赛中，只有保持良好的身体控制能力，运动员才能在激烈的对抗中占据优势，确保战术的有效执行。

（三）回球深度控制

在网球单打比赛中，回球深度控制是接发球局战术中的关键因素之一。它不仅影响比赛的节奏，还直接关系比赛的胜负。回球深度控制的核心在于根据对手的站位和场地条件进行调整，以最大化对手的接球难度。通过精确控制击球的落点深度，运动员可以有效地将对手逼至后场或调动至前场，从而打乱其防守节奏。这种策略要求运动员具备敏锐的观察力和精准的击球技术，以在瞬息万变的比赛中保持主动。

在比赛中，回球深度的变化能够迫使对手在场地内外进行快速移动，提高其失误的概率。通过不断调整回球的深度，运动员可以让对手疲于奔命，难以形成有效的防守反击。同时，深度变化也能在心理上给对手施加压力，迫使其在高压下作出错误判断。这样的战术运用不仅需要运动员有良好的体能和技术储备，还需要在比赛中保持冷静，善于观察和分析对手的反应。

控制回球的落点深度是施加不同压力的有效手段。运动员可以通过击打深球来压制对手的底线防守，或通过短球来引诱对手上网，从而创造出攻击机会。合理的回球深度控制能够帮助运动员建立起主动进攻的机会，使对手难以组织有效的反击。在比赛中，运动员需要根据对手的站位和比赛局势灵活调整回球深度，以确保始终占据战术上的主动。

三、相持阶段战术

（一）对角线消耗战术

对角线消耗战术在网球单打战术中扮演着关键角色，其核心在于通过对角线击球增加对手的移动距离，从而消耗其体力和耐力。这一战术的有效实施不仅需要运动员具备高水平的技术能力，还需在比赛中展现出卓越的战术理解力。

通过将球打至对角线位置，迫使对手在场地上进行更大范围的移动，从而逐渐削弱其体能储备。这种策略在比赛的相持阶段尤为重要，因为它能够在不急于求成的情况下，逐步累积优势，为后续的进攻创造有利条件。

在执行对角线消耗战术时，角度变化是制胜的关键。通过不断改变击球的角度，运动员可以迫使对手在不同的击球位置进行反应，增加其判断的难度。这种角度上的变化不仅考验对手的反应速度和判断能力，还能有效破坏其节奏，使对手在应对上疲于奔命。此外，运动员在选择击球角度时，还需考虑对手的站位和回球习惯，从而在合适的时机选择最佳的击球角度，以增加对手的回球难度。

控制击球的深度是对角线消耗战术的一个重要组成部分。在对角线交替击球时，运动员需要注意击球的深度，以确保对手难以进行有效的回击。深度控制不仅能增加对手的回球难度，还能迫使其在场地上作出更大范围的移动，增加其体力消耗。在比赛中，运动员应根据对手的站位和回球习惯，灵活调整击球的深度，以最大化战术效果。

结合对手的站位和回球习惯，选择适当的时机和力度进行对角线进攻是提升得分机会的关键。在对角线消耗战术中，运动员需要保持良好的站位和身体重心，以便快速调整并准备应对对手的反击。良好的站位不仅有助于运动员在对角线进攻中保持稳定，还能在对手反击时迅速作出调整，确保在相持阶段始终保持主动。通过对对手站位和回球习惯的观察，运动员可以在适当时机选择进行对角线进攻，以提高得分的机会。

（二）突然变线条件

在网球单打比赛中，相持阶段的战术选择直接影响比赛的走势。突然变线作为一种有效的战术手段，要求运动员在对手习惯于某一方向的击球时，适时进行变线。这种策略能够打乱对手的节奏，增加其判断的难度，从而为己方创造更多的主动机会。在实践中，运动员需要密切观察对手的击球习惯和站位，选择在对手准备不足时进行变线，以提高战术的成功率。通过精准的时机把握和灵活的战术应用，运动员可以在比赛中占据优势地位。

在实施突然变线战术时，击球的角度和力度是成功的关键因素之一。运动员必须确保球的落点能够有效压制对手的反击空间。这不仅要求运动员具备良好的技术能力，还需要在比赛中保持高度的集中力和观察力。通过对对手的站位和重心转移的判断，运动员可以选择在对手重心偏移、准备不足的时刻实施变线，从而提高战术的成功率。此外，变线的时机选择尤为重要，稍有不慎便可能被对手抓住机会反击。

在对角线消耗战术中，随机变线能够制造意外的进攻机会，迫使对手进行快速调整。这种战术不仅考验运动员的技术水平，还对其心理素质提出了较高要求。在比赛中，运动员需要具备敏锐的观察力，通过观察对手的移动习惯，选择合适的时机进行变线。这种策略不仅能够增加对手的心理压力，还能有效提高对手的失误率，从而为己方赢得更多的得分机会。通过不断的实践和总结，运动员可以逐渐掌握变线战术的精髓，在比赛中游刃有余地应用这一策略。

（三）短球调动应用

短球调动在网球单打战术中扮演着重要角色，其应用不仅是技术层面的考量，还是对对手心理和场上局势的精准判断。短球调动的时机选择尤为关键，通常需要根据对手的位置和场上局势来进行判断。理想的时机是在对手移动不及或判断失误时施加压力，这样可以最大限度地发挥短球的效果。短球调动的成功与否，往往取决于运动员对场上局势的敏锐洞察力和对手心理状态的准确把握。

短球调动的技术要求在于击球的精确度和落点控制。只有通过精确的击球，才能确保球能够有效地逼迫对手前移，增加其失误的可能性。短球的落点选择尤为重要，需要在对手难以预判的位置实施，以迫使对手进行被动的跑动和击球。这不仅考验运动员的技术水平，也要求运动员在比赛中保持高度的专注和细致的观察能力，以便在瞬息万变的比赛中作出最佳选择。

短球调动涉及心理战术的应用。通过制造对手的紧张感和不安，运动员可以迫使对手在接球时作出错误判断。心理战术的核心在于对对手心理状态的把握，运动员需要通过比赛中的细微变化和对手的反应来调整自己的战术策略。短球调动不仅是对身体的挑战，也是对心理的考验，要求运动员在比赛中保持冷静和理智，以便在关键时刻出奇制胜。

短球调动的配合策略是形成有效战术组合的重要环节。结合其他击球方式，如深球或对角线击球，可以增加战术的多样性和不可预测性，从而增加得分机会。通过不同战术的组合，运动员可以更好地控制比赛节奏，迫使对手陷入被动局面。配合策略的成功实施需要运动员具备良好的战术意识和灵活的应变能力，以便在比赛中机应变，最大化战术效果。

短球调动的后续进攻准备是保持进攻主动权的关键。在打出短球后，运动员必须迅速移动至合适位置，做好迎接对手回球的准备。这不仅要求运动员具备良好的身体素质和反应速度，还需要在比赛中保持高度的警觉和战术意识。通过有效的后续进攻准备，运动员可以在对手回球时占据有利位置，从而继续施加压力，保持比赛的主动权。

第二节　网球双打战术的配合与运用

一、站位分工原则

（一）发球方前后站位

发球方在发球时，前后站位应根据对手的接发习惯进行调整，以便更好地控制场地和发球的角度。前方运动员在发球后应迅速上网，利用机会进行截击，这不仅能增加进攻威胁，还能迫使对手处于被动状态。后方运动员则需保持稳定的站位，以应对对手的反击，并在必要时提供支援。这样的站位安排要求运动员具备良好的观察能力和反应速度，以便在瞬息万变的比赛中作出最优决策。

发球方的前后站位涉及场地空间的有效利用。前方运动员应尽量靠近网前，以便在网前截击时具备优势，而后方运动员则需保持一定距离以确保快速反应。这样的空间安排不仅能提高团队的进攻效率，还能为防守提供更大的灵活性。在发球过程中，前方运动员需要密切关注对手的站位和反应，适时调整自己的位置，以最大化对发球的支持效果。这种动态调整能力是双打配合中不可或缺的一部分。

发球方的前后站位应形成默契配合，前方运动员负责进攻，后方运动员则负责防守和支援，确保整体战术的有效性。这种分工不仅能提高团队的战术执行力，还能增强运动员之间的信任和协作。通过不断的训练和比赛经验积累，运动员能够在比赛中形成默契的配合，从而在关键时刻作出最佳的战术选择。这样的站位策略不仅是技术上的要求，也是团队协作能力的体现。

（二）接发方平行站位

接发方平行站位在网球双打中扮演着关键角色，要求双方运动员保持相对均衡的位置，以确保能够迅速覆盖场地的各个区域。这种站位策略的核心在于减少对手的进攻空间，使其难以找到突破口。在比赛中，运动员需要根据对手的发球方向和力度，灵活调整自己的站位。这种动态调整不仅能提高防守的有效性，还能为反击创造机会。通过精确的站位和快速的反应，接发方能够更好地应对不同类型的发球，从而增加比赛的胜算。

平行站位的成功实施依赖运动员之间的沟通与默契。双打比赛中，信息的及时交换至关重要，运动员需要通过手势、语言或眼神等方式进行交流，以便协同应对对手的进攻策略。这种默契的建立不仅需要长期的训练和比赛经验，还需要运动员在比赛中保持高度的专注和相互信任。通过有效的沟通，接发方能够更好地预测对手的意图，从而作出更为精准的战术调整。

在平行站位中，运动员应保持身体重心的稳定，准备随时进行快速移动。这种准备状态不仅有助于应对对手的回球和变化，还能提高运动员在场上的灵活性和反应速度。身体重心的稳定性是高效移动的基础，运动员需要通过科学的训练提升自身的平衡能力和爆发力，以便在瞬息万变的比赛中保持竞争力。通过不断的练习，运动员能够在比赛中自如地转换站位，保持对场上局势的控制。

在接发球过程中，平行站位的运动员应根据发球的落点选择适当的击球方式，以确保回球的准确性和威胁性。不同的发球落点和速度要求运动员具备多样化的击球技术和战术意识。通过对对手发球习惯的观察和分析，运动员可以提前预判发球的方向和落点，从而选择合适的击球策略。这不仅能提高回球的成功率，还能在对手措手不及时制造得分机会，增强比赛的主动性。

（三）中场抢网分工

在中场抢网时，前后运动员需明确各自的责任，前方运动员负责主动进攻和截击，而后方运动员则应随时准备支援和防守。前方运动员的任务是通过主动的进攻手段来压制对手，创造得分机会。他们需要具备快速的反应能力和精准的截击技术，以便在对手回球时能够迅速作出反应。与此同时，后方运动员的职责不可忽视，他们需要密切关注对手的回球方向，及时做出防守准备，以确保在前方运动员失误时能够迅速补位，防止对手反击得分。

在中场抢网过程中，运动员之间的沟通至关重要。良好的沟通能够帮助运动员及时交换信息，快速调整站位和应对对手的变化。前方运动员在选择上网时机时，应根据对手的击球习惯和场地情况作出判断，确保能最大化地施加压力，增加得分机会。与此同时，后方运动员需要时刻保持警惕，关注对手的动向，准备好在必要时支援前方运动员。这样的协同作战不仅能够提高抢网的成功率，还能有效减少对手的进攻空间，从而掌控比赛节奏。

中场抢网的成功依赖运动员的快速反应和灵活站位。运动员在比赛中需要具备敏锐的观察力和快速的决策能力，以便在瞬息万变的比赛中作出正确的判断。灵活的站位能够帮助运动员迅速覆盖场地，减少对手的进攻空间，这对于中场抢网的成功至关重要。通过不断的训练和实战经验的积累，运动员可以提高自身的反应速度和站位灵活性，从而在比赛中占据主动地位，提升整体战术的实施效果。

二、发球配合战术

（一）发外角抢网战术

发外角抢网战术在网球双打中是一种极具攻击性的策略，旨在通过发球后的迅速上网截击来增加对手的压力。发球方的配合是这一战术的关键，前方运动员应在发球后立即上网，利用对手尚未完全准备好的时机进行截击。这一策略不仅需要前方运动员的快速反应和灵活移动，还要求他们具备良好的网前技术，以便在截击中占据优势。通过这种方式，可以有效地干扰对手的节奏，迫使对手作出仓促的回球，从而为己方创造得分机会。

在发外角球时，后方运动员的角色至关重要。他们应保持稳定的站位，随时准备支援前方运动员，并在对手成功回球时进行反击。后方运动员的职责不仅是防守，还包括在必要时主动出击，以确保整体战术的有效性。这种双重角色要求后方运动员具备出色的判断力和快速的反应能力，以便在瞬息万变的比赛中作出正确的决策。通过前后方运动员的密切配合，可以有效地压制对手，为己方赢得场上的主动权。

发外角球的落点选择是这一战术成功的关键因素之一。运动员应结合对手的站位和习惯，选择能够有效逼迫对手移动的落点。通过精确的落点控制，可以迫使对手离开舒适区，从而为抢网创造更多的机会。这不仅需要运动员在发球时具备良好的技术能力，还需要他们在比赛中保持高度的专注和敏锐的观察力，以便根据对手的情况及时调整策略。通过这种方式，可以在比赛中占据主动，增加对手的压力。

在发外角抢网战术中，运动员之间的沟通至关重要。及时交换信息可以帮助运动员快速调整站位和应对对手的变化，从而提高战术的执行效率。有效的沟通不仅包括口头交流，还可以通过手势和眼神等非语言方式进行。这种默契的配合需要通过长期的训练和比赛积累，才能在关键时刻发挥作用。通过良好的沟通，运动员可以更好地协调行动，提高整体战术的执行效率。

成功的发外角抢网战术要求运动员具备良好的反应能力和灵活的站位。这种战术需要运动员在比赛中迅速覆盖场地，减少对手的进攻空间。为此，运动员不仅需要具备出色的身体素质，还需要在比赛中保持高度的专注和快速的决策能力。通过不断的训练和比赛实践，运动员可以逐渐提高自己的反应速度和场上意识，从而在比赛中更好地实施这一战术。通过这种方式，可以有效地压制对手，为己方赢得比赛的胜利。

（二）发内角封堵路线

发内角封堵路线是双打网球中一项关键的战术手段，其核心在于前方运动员的快速反应和准确判断。通过在对手发球后第一时间封堵内角，前方运动员能够有效限制对手的进攻空间，从而为己方创造更有利的局面。在实施这一战术时，前方运动员需要具备高度的专注力和判断力，能够迅速识别对手的发球意图，并及时采取行动进行封堵。与此同时，后方运动员的角色同样重要，他们需要保持良好的站位，随时准备支援前方运动员。当对手进行反击时，后方运动员应迅速补位，形成一个稳固的防守体系，以抵御对手的进攻。这种战术安排不仅可以增加己方的防守深度，还能通过压缩对手的进攻空间，迫使其犯错。

在发内角封堵策略中，发球的落点选择至关重要。运动员需要根据对手的站位和习惯进行分析，以确保发球能够有效地迫使对手移动。这种策略的实施需要运动员在赛前进行充分的准备工作，研究对手的站位特点和习惯性动作，从而在比赛中作出最优的发球选择。通过巧妙的发球落点，前方运动员可以获得更多的封堵机会，增加得分的可能性。此外，运动员之间的默契配合也是成功实施发内角封堵战术的关键。在比赛中，运动员需要通过及时的沟通和协调，确保双方能够快速调整站位，并根据对手的变化作出相应的应对。这样的配合不仅能够增强战术的执行效果，也能增强运动员之间的信任感和合作意识。

成功的发内角封堵战术要求运动员具备灵活的移动能力和精准的判断力。在对手发球后，运动员需要迅速进行封堵，以增加得分机会。这种战术的实施不仅考验运动员的身体素质和技术水平，也对其心理素质提出了较高的要求。

运动员需要在高压环境中保持冷静，作出明智的决策，以确保战术的成功执行。此外，发内角封堵战术的运用还需要结合比赛的具体情况，如场地条件、天气因素等，进行灵活调整。通过不断的实践和总结，运动员可以逐步提高自身的战术素养，从而在比赛中取得更好的成绩。

（三）发球者跟进方向

发球者在执行发球配合战术时，跟进方向的选择至关重要。发球后的第一步应是对对手反应的快速判断，这将直接影响发球者的跟进路径选择。通过选择最佳路径，发球者能够有效地增加对手的压力，使其处于被动状态。发球者的跟进方向不仅是对发球质量的延续，也是对整个战术体系的执行与深化。通过精确的判断与果断的行动，发球者可以在瞬息万变的比赛中占据主动地位，为自己和搭档创造更多的得分机会。

在发球后，发球者必须保持身体重心的稳定性，这是快速移动的基础。稳定的重心能使发球者在发球后迅速调整步伐，移动到场地的最佳位置，准备迎接对手的回球。身体重心的稳定不仅有助于提高移动速度，还能增强发球者的平衡感，使其在快速变向时依然保持良好的控球能力。这种能力在高水平的双打比赛中尤为重要，因为对手的回球速度和角度往往难以预测，只有具备出色的身体控制能力，发球者才能从容应对。

根据发球的落点和对手的站位，发球者应灵活调整跟进方向，以最大化场地的覆盖率和进攻机会。发球落点的选择直接影响对手的接发球站位，而对手的站位又决定了其回球的可能方向。发球者需要根据这些信息迅速作出判断，调整自己的跟进方向，以便在对手回球时占据有利位置。通过这种方式，发球者不仅可以有效地覆盖场地，还能在对手回球质量不佳时，立即发起反击，转守为攻。

发球者在跟进过程中应注意与搭档的配合，这种配合是双打战术成功的关键。通过默契的配合，发球者和搭档可以在场地内形成有效的防守和进攻阵型。发球者的跟进方向应与搭档的站位和移动相协调，以确保场地的每个区域都得到有效覆盖。在防守时，发球者和搭档需要保持紧密的联系，以应对对手的突袭；在进攻时，他们又必须迅速调整位置，以形成对对手的压迫。

最后，发球者在发球后应保持良好的视野，观察对手的站位和动作，以便及时调整自己的跟进策略。良好的视野不仅有助于判断对手的意图，还能帮助发球者在比赛中保持冷静和清醒。通过观察对手的细微动作，发球者可以预测对手的下一步行动，并提前做好准备。这种预判能力是高水平双打比赛中不可或缺的要素，它使发球者能够在对手尚未行动之前，就已经做好了应对的准备，从而在比赛中占据主动。

三、接发球配合

（一）接发回中路策略

接发回中路策略在网球双打中扮演着至关重要的角色。在接发球时，选择将球回到中路不仅能够有效降低对手的进攻机会，还可以确保对方难以利用场地两侧进行攻击。通过这一策略，运动员能够迫使对手在场地中央进行移动，增加其失误的概率。这样的战术选择旨在通过限制对手的进攻空间来提高己方的防守效率，从而为双打配合创造更为有利的条件。

在实施接发回中路策略时，运动员需要注意通过将回球打向中路来增加对手的反应时间。这一战术安排能够给自己创造更好的准备机会，以便应对随后的回球。通过延长对手的反应时间，运动员不仅能够提高自身的防守能力，还可以在对手疲于应对的情况下寻找反击的机会。此策略的核心在于通过时间和空间的控制来掌握比赛的主动权，使己方在战术运用中占据优势。

此外，回中路的策略还能够充分利用对手的站位。通过迫使对手在场地中间进行移动，运动员可以增加对手的失误概率。这一策略的成功实施依赖对对手站位的准确判断以及对球路的精准控制。通过对对手站位的研究和分析，运动员可以在比赛中制订更为精确的战术计划，从而在比赛中取得更好的成绩。

在接发中路时，运动员应保持身体重心的稳定，以便于快速调整位置，准备应对对手的反击。稳定的身体重心不仅有助于提升运动员的移动速度，还能够增强其在场上的灵活性和反应能力。通过保持良好的身体姿态，运动员可以更有效地应对对手的多变球路，从而在双打比赛中占据主动。

通过回中路，运动员可以为自己和搭档创造更好的配合机会，增强双打时的战术灵活性和整体控制力。在双打比赛中，良好的配合是取得胜利的关键。通过合理利用回中路策略，运动员不仅可以提高自身的战术素养，还能够与搭档形成更为默契的配合，从而提高整体的比赛水平。这一策略的成功实施需要运动员之间的密切沟通和协作，以确保战术的有效执行。

（二）接发挑高球应用

接发挑高球在网球双打战术中扮演着关键角色，其应用的核心在于对时机的精准把握。接发挑高球的时机选择应根据对手的站位和发球高度进行判断，确保在对手发球力量不足或站位不稳时进行有效攻击。这种策略不仅需要对对手发球的速度和角度有敏锐的感知，还要求接发运动员具备快速决策的能力，以便在瞬息万变的比赛中抓住最佳时机进行挑高球的回击。

挑高球的击球技术要求接发运动员具备良好的身体协调能力和挥拍的稳定性。通过调整身体重心，运动员可以在击球过程中保持平衡，从而确保挑高球的高度和落点能够有效压制对手的反击。这种技术的掌握需要长期的训练和实践，以培养运动员在高压环境下的稳定表现。此外，挑高球的挥拍动作需要流畅且具有一定的力度，以便在击球时能够产生足够的旋转和速度，使对手难以轻松应对。

在接发挑高球的过程中，观察对手的反应和移动是至关重要的。根据对手的站位和移动方向，接发运动员可以适时调整击球的角度和力度，以增加得分的机会。这种策略不仅考验运动员的观察力和判断力，还需要与搭档的默契配合。在双打比赛中，接发运动员与搭档的配合可以通过挑高球的运用来打乱对手的节奏，从而为自己创造更多的进攻机会。

接发挑高球的战术配合要求运动员与搭档之间形成良好的默契。在挑高球后，双方需要迅速调整位置，准备迎接对手的回球。这种战术配合不仅需要运动员之间的相互信任，还需要通过不断的训练来提高彼此的协调能力。通过有效的战术配合，双打组合能够在比赛中保持主动权，增强整体的控制力。

（三）网前队员移动信号

在网球双打比赛中，网前队员的移动信号是战术配合的重要组成部分。网前队员应通过明确的手势或口令来传达移动信号，确保搭档能够迅速理解并作出反应。这种沟通方式在比赛中至关重要，因为它能够有效减少误解，提升战术执行的精准性。网前队员通常会在发球或接发球前使用简单而清晰的手势或口令，以便搭档能够在瞬息万变的比赛中迅速调整自己的站位和策略。这种信号的传递不仅需要明确，还需要在日常训练中不断磨合，以形成默契。

移动信号的设置应根据比赛情况和对手的战术进行灵活调整，以提高应对能力和配合效果。每场比赛的对手和战术都可能有所不同，因此，网前队员需要具备灵活调整信号的能力。这种灵活性不仅依赖队员之间的默契，更需要对比赛形势的敏锐判断和对手策略的准确预判。通过对比赛的观察，网前队员可以在适当的时机调整信号，帮助搭档更好地应对对手的变化，增强在比赛中的战术灵活性和适应性。

在发球或接发球时，网前队员应提前发出移动信号，以便于搭档及时调整站位，增强整体防守和进攻的协调性。提前发出信号能够给搭档留出足够的反应时间，使他们在球场上迅速作出调整。这样的安排不仅能够提高防守的稳固性，还能为进攻创造更有利的条件。网前队员的提前信号对于整体战术的执行至关重要，因为它能够在比赛的关键时刻影响双打组合的整体表现。

信号的传达应简洁明了，避免复杂的指令，以确保在快速的比赛节奏中不造成误解或延误。网球比赛节奏快，任何复杂的指令都可能导致队员之间的沟通障碍。因此，网前队员在传达信号时应尽量使用简单、易懂的手势或口令，确保搭档能够迅速领会并作出反应。简洁明了的信号不仅能够提高沟通效率，还能减少因误解而导致的比赛失误，从而提升整体战术执行力。

网前队员的移动信号应与战术配合相结合，通过有效的沟通建立默契，提升双打比赛中的战术执行力。信号的运用不仅是简单的沟通工具，也是战术配合的关键环节。通过日常训练中的不断实践和磨合，双打组合能够在比赛中建立起深厚的默契，这种默契体现在比赛的每一次击球和每一个战术选择中。有效的沟通和信号传递能够使双打组合在比赛中更加协调一致，从而在激烈的比赛中占据优势。

第三节　战术训练中的实战模拟方法

一、情景模拟设计

（一）比分落后演练

在网球比赛中，比分落后时，心理调整显得尤为重要。运动员需要在比分落后时保持冷静，避免因焦虑而导致的失误。通过专业的心理训练，教练可以帮助运动员掌握一系列心理调节技巧，如深呼吸、积极自我暗示等，以稳定情绪，增强自信心。这种心理调整不仅有助于运动员在比赛中保持专注，还能有效减少不必要的失误，提高整体比赛表现。

1. 制订有针对性的战术调整计划

教练需要根据运动员的技术特点和对手的弱点，设计出一套灵活的战术策略。鼓励运动员在比赛中主动进攻，通过精准的击球和战术变化来寻找反击机会。这样的训练不仅提升了运动员的战术意识，也增强了他们在比赛中自我调整的能力，使其能够在逆境中快速反应，扭转局势。

2．体能和耐力

通过专门的体能训练，运动员可以提高自己的耐力和爆发力，以确保在比赛的关键时刻仍能保持高水平的发挥。教练应设计有针对性的体能训练计划，增强运动员在长时间比赛中的持久力和恢复能力。这种训练不仅提高了运动员的体能水平，也增强了他们在比赛中应对体力消耗的能力。

3．模拟比分落后的比赛情境

通过在训练中再现比赛中的压力情境，运动员能够在高压环境下进行实战演练。这种模拟训练有助于提高运动员的应对逆境能力和战术灵活性，使其在实际比赛中能够更从容地面对挑战。教练可以通过设置不同的比分情境，帮助运动员适应各种比赛局面，提高其在压力下的表现。

4．视频分析

通过对比赛录像的分析，运动员可以识别自身在比分落后时的不足，找出改进的空间。教练应指导运动员进行详细的视频分析，帮助其增强战术意识和决策能力。通过对关键比赛时刻的回顾，运动员能够更好地理解自身的表现，制定更有效的战术策略，从而在未来的比赛中取得更好的成绩。

（二）关键分反复训练

关键分通常指比赛中可能决定胜负的分数，因此，运动员在这些时刻的表现尤为重要。关键分的心理调适训练旨在帮助运动员在紧张的比赛环境中保持冷静和自信。通过反复的心理训练，运动员可以学会如何在压力下作出最佳决策，避免因情绪波动而导致的失误。这种训练不仅提高了运动员的心理素质，还能增强他们在关键时刻的自我控制能力，从而在比赛中发挥出色。

针对关键分的战术演练是重要环节。通过模拟不同对手和场景，运动员可以在训练中体验各种可能出现的比赛情境。这种多样化的训练方式能够提升运动员在关键时刻的战术执行能力，使他们在面对不同类型的对手时能够迅速调整策略，从容应对。此外，这种模拟训练还可以帮助运动员识别对手的弱点，制订有效的战术计划，增加比赛的胜算。

技术细节的强化不可忽视。在关键分的训练中，击球的准确性和稳定性是取得成功的关键。因此，训练中应特别注重这些技术细节的打磨。通过不断的练习和调整，运动员可以提高击球的精准度和稳定性，确保在关键时刻能够有效地控制球的方向和速度。这不仅提高了比赛的技术水平，也增强了运动员在关键分时的信心和决策能力。

视频回放分析是提升战术意识的重要手段。通过对关键分表现的回放，运动员可以直观地看到自己的优缺点，识别成功与失败的原因。这种分析不仅有助于运动员改进技术和战术，还可以帮助他们在心理上做好准备，避免在比赛中重复相同的错误。通过对比赛录像的详细分析，运动员的战术意识能得到显著提升。

关键分的体能训练是确保运动员在比赛中保持最佳状态的基础。通过设计专门针对关键分的体能训练，运动员可以增强耐力和反应速度，在比赛中始终保持高水平的竞技状态。这种训练不仅提高了运动员的身体素质，还能帮助他们在长时间的比赛中保持专注和活力，从而在关键时刻展现出色的表现。通过全面的体能训练，运动员能够在比赛中更好地发挥自身优势，增加获胜的机会。

（三）体力极限测试

在网球战术教学中，体力极限测试是一个关键环节，旨在通过模拟比赛场景，评估运动员在高强度对抗下的体能表现。体力极限测试不仅关注运动员的身体素质，还要结合网球比赛的实际需求进行设计，以确保测试的现实性和有效性。在设计模拟比赛场景时，需要考虑比赛中的各种不确定因素，以及运动员在不同环境下的反应能力，这对运动员的体能和心理素质都是一种严峻的考验。

体力极限测试的核心在于短时间内的爆发力和耐力训练，这对于网球比赛中的快速恢复和持续高效发挥至关重要。测试内容应包括一系列高强度的体能训练项目，如短跑、跳跃和快速移动等，以全面考察运动员的身体素质。通过这些训练，运动员可以在比赛中更好地应对频繁的变速和方向变化，增强对比赛节奏的掌控能力，增强整体战术执行效果。

定期进行体力极限测试，可以有效监测运动员的体能变化和发展趋势。这不仅有助于教练及时调整训练计划和策略，也为运动员提供了一个清晰的自我评估标准。通过对测试结果的分析，教练可以识别出运动员的优势和不足，从而制订更有针对性的训练方案，帮助运动员在比赛中发挥最大潜力。

心理素质评估是体力极限测试中不可或缺的一部分。在高压情况下，运动员的心理状态对比赛表现有着直接影响。通过模拟比赛中的紧张情境，测试运动员在压力下的冷静和专注程度，能够帮助他们在真实比赛中更好地应对心理挑战。心理素质的提升不仅有助于提高运动员的比赛表现，也能增强他们在场上的自信心和决策能力。

测试后的数据分析是体力极限测试的最后一步。通过对测试结果进行详细的数据分析，教练可以为每位运动员提供个性化的反馈和改进建议。这种个性化的指导可以帮助运动员更有效地利用自身的体能，提高战术执行能力。同时，数据分析也为教练提供了一个科学的依据，以便在训练和比赛中作出更明智的决策，最终实现运动员整体实力的提升。

二、多球战术训练

（一）定点组合球路

定点组合球路作为其中的一项核心内容，强调在特定位置进行有针对性的击球训练。定点组合球路的训练不仅要求运动员熟练掌握击球技术，还需注重击球落点的多样性。这种多样性能够有效增加对手的判断难度和接球压力，使对手在面对多变的球路时难以适应，从而为己方争取更多的主动权。这一训练方法不仅提升了运动员的战术灵活性，也为比赛中的实际应用奠定了坚实的基础。

在进行定点组合球路训练时，结合不同的击球技术至关重要。运动员需熟练掌握平击、上旋和切削等多种击球方式，以形成丰富的球路变化。这种技术上的多样性不仅增强了运动员的个人能力，也为其在比赛中灵活应对不同局面提供了更多选择。通过多样化的击球方式，运动员能够在比赛中更好地调整战术，打乱对手的节奏，进而提高比赛的胜率。因此，训练中应特别注重技术的多样性，以培养运动员全面的战术能力。

模拟比赛情境是定点组合球路训练的一个关键环节。通过模拟真实比赛中的高压环境，运动员能够更好地锻炼自己的击球能力和心理素质。在这些模拟情境中，运动员需在特定位置进行击球练习，这不仅考验其技术水平，也考验其在高压下的决策能力和反应速度。通过不断的模拟和练习，运动员可以逐渐适应比赛中的紧张氛围，提高在关键时刻的表现能力，从而在比赛中发挥出最佳水平。

定点组合球路训练还应强调团队的配合和默契。在网球比赛中，运动员之间的有效沟通与协作是取得胜利的重要因素。在训练中，鼓励运动员之间进行沟通，建立良好的协作关系，以提高整体战术执行力。通过团队的默契配合，运动员能够更好地理解对方的意图，快速作出反应，形成强大的战术合力。这种团队协作能力的培养，不仅提高了运动员的个人水平，也增强了整个团队的竞争力。

为了确保定点组合球路训练的有效性，定期的效果评估是必不可少的。通过分析运动员在训练中的表现，教练可以及时调整训练策略，以适应不同对手的风格。这种动态调整的训练方法，能够帮助运动员不断提升自我，适应各种比赛环境。通过科学的效果评估和策略调整，运动员不仅可以提高自身的技术水平，也能更好地应对不同的比赛挑战，最终在赛场上取得优异成绩。

（二）随机落点反应

随机落点反应训练在网球教学中扮演着至关重要的角色，其核心目标是提高运动员对不同落点球的快速判断和应对能力，从而增强其场上灵活性。这种训练方法通过模拟比赛中不确定的球路和速度变化，使运动员在面对突如其来的变化时，能迅速作出正确的决策。运动员需要在短时间内对球的落点进行判断，并调整自己的站位和击球策略，以应对不同的挑战。这样的训练不仅提高了运动员的技术水平，也在心理上增强了他们的自信心和应变能力。

在随机落点反应训练中，教练可以利用多种击球方式，创造出多样化的球路变化，确保运动员在面对不同类型的球时能够迅速调整击球策略。这种多样化的训练方式，可以通过不同的击球角度、旋转和速度来实现，从而模拟比赛中可能遇到的复杂情况。通过这些模拟，运动员不仅可以提高自己的技术水平，还能在实战中更好地运用战术思维，增强对比赛节奏的掌控能力。这种训练方法强调了运动员的主动性和创造性，使其能够在比赛中灵活应对不同的战术变化。

为了提升运动员在比赛中的应变能力，随机落点反应训练通常会设置不同的落点和速度，专注于训练运动员的反应时间和移动能力。通过这种方式，运动员能够在高强度的训练环境中不断提高自己的身体素质和技术水平。训练中，运动员需要快速判断球的落点，并在最短的时间内作出反应，这不仅考验了他们的技术能力，还对其体能和心理素质提出了更高的要求。通过不断的练习，运动员能够在比赛中更快地作出反应，从而提高比赛的胜率。

随机落点反应训练还可以结合视频分析技术，帮助运动员回顾训练过程，分析自己的反应表现，识别出需要改进的空间。这种技术手段为运动员提供了一个客观的视角，使他们能够更清晰地看到自己的优缺点。通过视频分析，运动员可以针对自身的不足制订更有针对性的训练计划，从而不断提高自己的能力水平。这种方法不仅提高了训练的科学性，也为运动员的自我提升提供了有力的支持。

在随机落点反应训练中，团队合作是重要的组成部分。训练过程中，运动员之间需要进行有效的沟通和配合，以提高整体战术执行力。通过团队合作，运动员可以在训练中相互学习，取长补短，从而提高整体水平。团队合作还可以增强运动员之间的默契，使他们在比赛中能够更好地配合，形成合力。这种训练方法不仅提高了运动员的个人能力，也对团队的整体战术水平有着积极的影响。通过这种方式，运动员能够在比赛中发挥出更高的水平，为团队争取更好的成绩。

（三）速度变化适应

在网球战术训练中，速度变化适应是一个至关重要的方面，其核心在于提高运动员对不同速度球的反应能力。运动员需要能够快速判断球速的变化，并作出相应的击球决策。这种能力的培养不仅是对球技的提升，还是对运动员整体比赛表现的增强。通过系统的训练，运动员能够在面对不同速度的来球时，保持冷静和专注，从而作出最佳的击球选择。

为了有效提升运动员的速度变化适应能力，在训练中常采用模拟比赛环境的方法。通过设置不同速度的球，训练运动员的脚步移动和调整能力。这种训练方式能够帮助运动员在快速变化的比赛环境中保持灵活性。运动员在训练中感受到的速度变化，将直接转化为比赛中的实战经验，使他们能够在比赛中游刃有余地应对各种挑战。

速度变化适应训练不是单一技术的提升，而是需要结合多种击球技术的运用。平击、上旋和切削等不同的击球方式，能够帮助运动员在面对快速和慢速球时，保持技术上的稳定性。通过多样化的技术训练，运动员能够在不同速度的球速下，灵活运用各种击球方式，确保在比赛中不因速度变化而失误。

在训练过程中，教练的角色至关重要。教练通过设置不同的发球速度和落点，帮助运动员提高对速度变化的适应能力。这样的训练方式不仅提高了运动员的技术水平，也增强了其整体比赛表现。通过不断的实践和调整，运动员能够在比赛中更好地适应各种速度的变化，提高比赛的胜率。

速度变化适应训练应注重运动员心理素质的培养。面对快速变化的球速，运动员需要保持冷静和专注。这种心理素质的训练，有助于提升运动员在比赛中的自信心。通过心理和技术的双重提升，运动员能够在比赛中发挥出最佳水平，取得更好的成绩。

三、对抗强度分级

（一）低强度技术巩固

在网球战术教学中，低强度技术巩固是一个关键环节。此阶段的训练主要着眼于基本动作的反复练习，确保运动员能够在无压力的环境中熟悉各项技术要领。通过对基本动作的不断重复，运动员可以在低强度的环境中建立起对技术动作的深刻理解和熟练掌握。这种方法不仅有助于提高运动员的技术水平，还能为日后的高强度训练打下坚实的基础。

在低强度技术巩固中，训练设置简单的目标是至关重要的。例如，教练可以要求运动员在训练中精准地将球击打到特定区域。这种目标导向的训练能够有效增强运动员的击球信心与稳定性，使他们在比赛中能够更从容地应对各种情况。通过这种方式，运动员不仅能够提高技术水平，还能在无形中提高自信心和比赛心理素质。

低强度对抗练习的一个重要方面是鼓励运动员在放松的状态下应用所学技术。这种放松的状态有助于运动员在场上更好地应对变化多端的比赛局势，提升其场上应变能力。通过模拟实战中的低强度对抗，运动员可以在轻松的环境中不断尝试和应用新学到的技术，逐步提高其技术运用的熟练度和灵活性。

在低强度训练中，教练的及时反馈是不可或缺的。教练应在训练过程中不断观察运动员的表现，并给予具体的反馈和指导。这种反馈能够帮助运动员识别技术细节上的不足，并在训练中不断改进。通过这种循环反馈机制，运动员能够在每次训练中有所收获，逐步提高其技术水平和比赛能力。

适当的休息与恢复时间安排是低强度训练的重要组成部分。合理的休息不仅能确保运动员在训练中保持良好的身体状态，还能避免因疲劳导致的技术失误。教练在设计训练计划时，应充分考虑运动员的体能状况，确保训练强度和恢复时间的平衡，以达到最佳的训练效果。通过科学合理的训练安排，运动员能够在低强度训练中不断进步，为未来的高强度比赛做好准备。

（二）中等强度战术执行

中等强度训练不是技术的简单重复，而是技术与战术的深度结合。通过这种结合，运动员能够在复杂的比赛情境中，迅速作出反应并执行相应战术。这种训练模式强调运动员在动态环境中的适应能力，使他们在比赛中能够更好地应对对手的变化，增强战术执行的稳定性。通过不断的演练和调整，运动员可以在实战中实现更高效的战术应用。

在中等强度战术训练中，特定对抗情境的设置起着至关重要的作用。这些情境模拟了比赛中的各种复杂局面，使运动员在训练中就能体验到比赛的紧张与压力。通过这些情境的训练，运动员不仅提高了应对复杂局面的能力，还增强了在高压下保持稳定发挥的心理素质。在训练中，教练会根据运动员的表现，实时调整战术策略，以确保运动员能够在不同情境下灵活应对。这种训练方法有效地提升了运动员的战术执行力，使他们在比赛中更具竞争力。

团队配合与沟通是中等强度战术训练中的一个重要方面。在训练中，运动员之间的默契是提高整体战术执行效率的关键。通过团队配合训练，运动员能够更好地理解彼此的战术意图，从而在比赛中实现无缝衔接。教练在训练中会强调沟通的重要性，帮助运动员建立有效的沟通机制。运动员间的良好沟通不仅能提高战术执行的效率，还能在比赛中形成合力，对对手施加更大的压力。

自我分析与反馈是中等强度战术训练中不可或缺的一部分。通过鼓励运动员进行自我分析，不仅提高了他们的战术执行能力，还增强了他们对战术过程的理解与反思能力。运动员在训练中不断反思自己的表现，识别出需要改进的地方，并在教练的指导下进行调整。这种自我反馈机制使运动员在战术执行中更加自信，也为他们提供了持续进步的动力。

（三）高强度压力测试

在网球训练中，高强度压力测试是一种极具挑战性的训练方法，旨在模拟比赛的真实环境，帮助运动员在高压条件下提高表现能力。通过设置时间限制和分数目标，运动员被置于类似比赛的情境中，这不仅考验他们的技术水平，更重要的是考验他们在关键时刻的心理素质和决策能力。高强度压力测试的核心在于逼真模拟比赛情境，使运动员能够在训练中体验到比赛的紧迫感和竞争压力，从而更好地适应正式比赛的节奏与强度。

为了增强运动员在复杂局面中的应变能力和战术适应性，训练中应引入不同类型的对手和战术。通过与不同风格和水平的对手对抗，运动员可以学习如何快速调整战术策略，适应不同的比赛节奏。这种多样化的对抗不仅提高了运动员的技术水平，也锻炼了他们的战术意识和临场应变能力。高强度压力测试的多样化设置，使运动员能够在面对不同挑战时保持冷静，迅速作出最佳决策，进而提升整体比赛表现。

心理素质的培养是高强度压力测试中的重要环节。通过在训练中设置压力情境，运动员能够逐渐习惯在高压下比赛，学会如何管理比赛中的焦虑和紧张情绪。这种心理训练有助于运动员在实际比赛中保持清晰的头脑和稳定的情绪，从而在关键时刻发挥出最佳水平。心理素质的提升不仅有助于个人表现的提高，也在团队比赛中起到关键作用，帮助运动员在面对压力时能够更好地协作和沟通。

高强度压力测试应结合体能训练，确保运动员在高强度对抗中保持最佳的体能状态。体能是支持技术和战术有效执行的基础，只有在体能充沛的情况下，运动员才能在比赛中持续保持高水平的发挥。通过在训练中加入体能元素，运动员可以提高耐力、速度和力量，从而在高强度对抗中占据优势。这种综合训练模式不仅提高了运动员的体能水平，也增强了他们在比赛中的综合竞争力。

定期进行高强度压力测试是评估运动员在实际比赛中表现变化的重要手段。通过定期测试，教练可以及时了解运动员的进步情况，并根据测试结果调整训练计划和策略，确保运动员在各个方面都能持续进步。这种动态调整的训练方法，不仅有助于运动员的个人成长，也为团队整体水平的提高提供了坚实的基础。通过不断的评估和调整，运动员能够在比赛中不断突破自我，取得更好的成绩。

第五章　网球体能训练方法

第一节　网球专项力量素质训练方法与手段

一、上肢力量训练

（一）挥拍专项力量强化

挥拍专项力量强化在网球训练中占据重要位置，因为有效的挥拍动作不仅依赖技术的掌握，还需要强大的上肢力量支撑。通过挥拍动作的生物力学分析，可以理解上肢肌肉在挥拍过程中的参与和作用。这种分析帮助教练和运动员更好地识别需要重点强化的肌肉群，从而在训练中有针对性地进行力量提高。正手和反手挥拍是网球运动中最常用的技术动作，因此，针对不同挥拍技术的力量训练方案设计显得尤为重要。通过科学的方案设计，能够提升训练的针对性和有效性，使运动员在比赛中更具竞争力。

在挥拍专项力量强化训练中，利用弹力带和哑铃等器械是常见的方法。这些器械不仅便于操作，还能有效增强上肢肌肉的力量输出。弹力带可以提供多角度的阻力训练，有助于提高肌肉的协调性和稳定性，而哑铃则能增加肌肉的力量和耐力。此外，通过模拟挥拍练习，结合力量训练，不仅能提高挥拍的速度和准确性，还能帮助运动员在实战中更好地运用力量。模拟练习可以让运动员在接近实战的状态下进行训练，从而提高动作的熟练度和稳定性。

制订个性化的力量训练计划是力量训练成功的关键。每位运动员的体能水平和需求各不相同，因此需要根据个人的具体情况进行调整。个性化计划不仅能确保训练的有效性，还能最大限度地避免运动损伤。在制订计划时，教练需要综合考虑运动员的年龄、性别、技术水平和身体条件等因素，确保训练的科学性和安全性。通过合理的计划和科学的训练方法，运动员的上肢力量将得到显著提升，为其在网球比赛中取得优异成绩奠定坚实基础。

（二）肩部稳定性训练

肩部稳定性训练在网球运动中具有重要意义，尤其在挥拍动作中，肩部的稳定性直接影响击球的准确性和力量。肩部作为上肢的枢纽，在网球运动中承载着频繁的动态负荷，其稳定性不仅影响运动员的表现，还关乎运动损伤的预防。通过加强肩部的稳定性训练，运动员可以在比赛中更好地控制拍面的角度和速度，从而提高击球的质量和效率。

肩部肌群的力量与协调性训练是提升肩部稳定性的关键。具体的方法包括肩部外展、内旋和旋转训练，这些训练能够有效增强肩部肌肉的力量和灵活性，改善肩关节的活动范围。同时，通过这些训练，运动员能够提高肩部的协调性，使其在高速挥拍时能够保持稳定。此外，这些训练还能帮助运动员更好地适应网球运动中的各种复杂动作，提高整体竞技水平。

使用平衡板和稳定球等器械进行肩部稳定性训练，可以进一步提升核心肌群与肩部的协同工作能力。这些器械通过不稳定的表面增加训练的难度，迫使运动员在进行肩部训练时调动更多的核心肌群参与，以维持身体的平衡和稳定。这不仅能有效增强肩部的力量和稳定性，还能提高运动员的核心力量，使其在比赛中能够更从容地应对高强度的对抗。

通过动态和静态的肩部稳定性练习，运动员可以在比赛中增强抗疲劳能力和预防受伤。动态练习如肩部的快速旋转和对抗练习，可以提高肩部在运动中的反应速度和耐力，而静态练习则有助于增强肩部肌肉的持久性和稳定性，从而减少在长时间比赛中出现疲劳和受伤的风险。这种综合的训练方式，能够全面提升运动员的竞技状态。

制订个性化的肩部稳定性训练计划是提高训练效率的重要手段。根据每位运动员的技术特点和身体状况，调整训练的强度和内容，可以更好地满足个体需求，最大限度地增强训练效果。个性化的训练方案不仅能帮助运动员更快地提高肩部稳定性，还能有效减少因训练不当导致的伤病风险，为运动员的长期发展奠定坚实基础。

（三）手腕与小臂爆发力

在网球运动中，手腕与小臂的爆发力对于发球和击球的表现至关重要，直接影响击球的力度和速度。这种爆发力不仅是力量的体现，还是速度与控制的结合。在比赛中，运动员需要在瞬间将力量传递到球拍上，这就要求手腕与小臂具备强大的爆发力。通过科学的训练方法，可以有效提升这一关键素质，从而提高比赛中的表现。

针对手腕与小臂的力量训练，快速收缩训练方法被广泛应用，如使用弹力带进行快速拉伸与收缩练习。这种方法能够有效增强肌肉的瞬时爆发力，使运动员在短时间内释放出更大的力量。通过反复的快速收缩练习，手腕与小臂的肌肉纤维会逐渐适应高强度的运动需求，从而提高整体的爆发力水平。

在力量训练中，结合多种器械如哑铃和药球进行练习，可以全面提升手腕与小臂的力量。特别是通过握力和旋转能力的训练，运动员能够在击球时保持更好的稳定性和控制力。通过这些器械的多样化练习，不仅可以增强肌肉的力量，还能提高肌肉的耐力和协调性，为比赛中的复杂动作打下坚实的基础。

通过特定的手腕旋转和屈伸练习，可以有效增强小臂肌肉的协调性与灵活性。这种训练能够提高运动员在击球时的反应速度，使其能够更快速地调整击球角度和力度。通过不断的练习，运动员的小臂肌肉会变得更加灵活，从而在比赛中展现出更高水平的技术表现。

制订个性化的手腕与小臂爆发力训练计划是提升运动员表现的关键。根据运动员的技术需求和体能基础进行调整，可以确保训练的针对性和有效性。通过科学的评估和调整，训练计划能够更好地适应运动员的个人特点，从而在短时间内取得显著的进步。这样的个性化训练不仅提高了训练效率，也为运动员的长期发展奠定了良好的基础。

二、下肢力量训练

（一）侧向移动力量提升

侧向移动在网球运动中扮演着至关重要的角色。理解侧向移动的生物力学是提升下肢力量的基础。下肢肌肉在侧向移动中需要协调工作，以确保运动员能够快速、有效地改变方向。生物力学分析显示，股四头肌、腘绳肌、内收肌群和小腿肌肉在侧向移动中发挥关键作用。这些肌肉的协调性直接影响运动员在场地上的表现，尤其是在快速变向和急停急起的情况下。通过对这些肌肉的深入理解，可以更好地设计训练方案，从而提升运动员的整体表现。

1. 设计针对侧向移动的力量训练方案

训练方案应包括针对性强的练习，旨在增强运动员的下肢力量和协调性。这些训练方案通常结合力量训练和敏捷性练习，以确保运动员能够在比赛中快速反应。通过系统化的训练计划，运动员可以在短时间内提高侧向移动的效率，从而在比赛中占据优势。

2. 利用器械如阻力带和药球进行侧向力量训练

阻力带可以增加肌肉的负荷，从而提高力量输出，而药球则有助于提升爆发力和协调性。这些器械的使用可以帮助运动员在侧向移动中获得更大的力量和更好的控制力，从而提高其在比赛中的表现。

3. 结合敏捷梯和圆锥标志

结合敏捷梯和圆锥标志练习强调速度、敏捷性和协调性，能够帮助运动员在比赛中快速调整方向。通过这些练习，运动员可以在短时间内提高变向速度和灵活性，从而在比赛中更具竞争力。

4. 制订个性化的侧向移动力量训练计划

根据运动员的技术特点和体能水平进行调整，可以确保训练的有效性和针对性。个性化的训练计划不仅能帮助运动员克服自身的弱点，还能最大化地发挥他们的潜力，从而在比赛中取得更好的成绩。

（二）蹬地爆发力训练

蹬地爆发力训练是网球运动中不可或缺的一部分，尤其在发球和击球时，蹬地爆发力直接影响击球的力量和速度。网球运动员需要在短时间内将下肢力量转化为强大的爆发力，以提高比赛中的表现。因此，蹬地爆发力不仅是力量的体现，还是速度与力量完美结合的产物。在网球比赛中，运动员需要迅速移动并调整位置，蹬地爆发力的训练能够帮助他们在极短的时间内完成这些动作，提高击球的质量和效率。

设计一套针对蹬地爆发力的力量训练方案是提升下肢肌肉瞬时发力能力的关键。结合深蹲、跳跃等复合动作，这些训练不仅能增强肌肉力量，还能提高神经肌肉的协调性和反应速度。深蹲可以有效地增强大腿肌肉的力量，而跳跃训练则能够提高下肢的弹性和爆发力。通过这些复合动作的训练，运动员能够更好地控制力量的输出，提高在比赛中的发挥。

利用器械如杠铃、药球和阻力带进行蹬地爆发力训练，可以进一步提高下肢的力量输出和运动效率。杠铃深蹲可以增加腿部肌肉的负荷，提高力量基础；药球训练通过不同方向的投掷动作，增强肌肉的协调性和爆发力；阻力带训练通过增加运动的阻力，提高肌肉的耐力和力量输出。在这些器械的辅助下，运动员可以更全面地提升下肢的力量和爆发力。

通过多方向的跳跃练习，可以有效提升运动员在比赛中的灵活性与反应速度。多方向跳跃不仅能提高下肢的爆发力，还能增强运动员在场地上的移动能力。在网球比赛中，运动员需要快速应对不同方向的来球，多方向的跳跃训练能够帮助他们在不同场景下保持良好的爆发力表现，确保比赛中的灵活性和反应速度。

制订个性化的蹬地爆发力训练计划至关重要。依据运动员的技术特点和体能基础进行调整，确保训练的针对性和有效性。每位运动员的身体条件和技术水平不同，因此需要根据其具体情况制订训练计划。通过科学的评估和调整，确保训练方案能够最大限度地提高运动员的蹬地爆发力，帮助他们在比赛中取得更好的成绩。个性化的训练计划不仅能提高训练效率，还能减少运动损伤的风险。

（三）急停缓冲能力

急停缓冲能力在网球训练中扮演着至关重要的角色。它不仅影响运动员在快速变向时的稳定性，还直接关系击球时的控制力。在网球比赛中，运动员需要频繁地进行急停和快速起动，这种能力的强弱直接决定了他们在场上的表现。急停缓冲能力不仅是身体素质的体现，也是技术与体能的结合。运动员在比赛中需要快速判断和反应，而良好的急停缓冲能力能够帮助他们在作出决策时保持身体的平衡与稳定，从而提高击球的准确性和力度。

为了提升运动员的急停缓冲能力，训练方案的设计至关重要。结合快速起动与急停的综合练习，可以有效提高运动员在场地上的反应速度与灵活性。这种训练不仅能增强下肢的力量，还能提高运动员的协调性和敏捷性。在训练中，教练应注重运动员的技术动作和身体姿态，确保他们在急停时的重心转移和力量分配合理。通过科学的训练设计，运动员能够在短时间内显著提升急停缓冲能力，从而在比赛中占据优势。

在具体的训练中，使用阻力带和沙袋等器械可以有效增强下肢肌肉的力量与耐力。这些器械通过增加运动员的负荷，迫使他们在急停时调动更多的肌肉群参与，从而提高肌肉的爆发力和耐力。在训练中，教练可以根据运动员的体能水平和技术特点，调整训练的强度和频率，以确保训练的效果最大化。通过系统的力量训练，运动员能够在比赛中展现出更强的对抗能力和更持久的体能。

多方向的急停练习是提升运动员应对不同击球情况能力的重要手段。在比赛中，运动员需要面对来自不同方向和角度的击球，因此，他们必须具备多方向急停的能力。通过多方向的急停练习，运动员可以在高强度对抗中保持稳定，迅速调整身体姿态应对各种变化。这样的训练不仅提高了运动员的身体素质，还增强了他们的心理素质，使他们在比赛中更加自信和从容。

三、核心力量训练

（一）动态旋转抗阻训练

动态旋转抗阻训练是一种专门针对网球运动员核心力量的训练方法，其在提高击球力量和准确性方面具有直接贡献。这种训练方法通过模拟网球运动中常见的旋转和抗阻动作，帮助运动员在比赛中更有效地传递力量。通过系统的动态旋转抗阻训练，运动员不仅可以增强核心肌群的力量，还能提高身体的协调性和灵活性，从而在比赛中实现更精准的击球。

为了增强训练的趣味性和效果，动态旋转抗阻训练设计了多样化的动作，并结合使用不同的训练器械，如药球和弹力带。这些器械可以为运动员提供不同的阻力和挑战，帮助他们在各种情况下保持身体的稳定性和力量输出。通过这些多样化的训练动作，运动员能够不断挑战自我，逐步提高自己的核心力量和运动表现。

动态旋转抗阻训练不仅能够提升核心稳定性，还能增强运动员在快速移动和击球过程中的身体控制能力。核心稳定性是网球运动中至关重要的能力，它直接影响运动员在场上的移动速度和击球效率。通过系统的动态旋转抗阻训练，运动员可以在保持身体平衡的同时，快速调整姿势，以适应比赛中的各种突发状况。

为了确保训练的有效性，制订个性化的动态旋转抗阻训练计划是至关重要的。教练需要根据每位运动员的技术特点和身体状况，进行有针对性的调整。这种个性化的训练计划可以帮助运动员在短时间内提升核心力量，同时避免因过度训练导致的身体损伤。通过科学的训练计划，运动员能够在比赛中发挥出最佳水平。

结合动态旋转抗阻训练与其他体能训练方法，形成综合的训练体系，是提高运动员整体竞技水平的重要手段。通过将动态旋转抗阻训练与耐力、速度、灵活性等其他体能训练相结合，运动员能够在各个方面得到全面的提升。这种综合训练体系不仅能够提高运动员的身体素质，还能增强他们在比赛中的心理素质和战术执行力。

（二）击球动作核心控制

核心力量在网球运动中的重要性不可忽视，尤其在击球动作中，核心力量的有效运用能够显著提升运动员的表现。在击球过程中，核心力量不仅是力量的输出，还是稳定性的保障。核心力量的训练旨在建立一个稳定的基础，使运动员在进行击球动作时能够保持身体的平衡和协调。这种稳定性与力量输出的协同关系是击球准确性和力量的关键所在。通过系统的核心力量训练，运动员可以在击球时更好地控制身体，从而提高击球的精确度和威力。

击球动作中的核心控制与身体姿势密切相关。良好的核心控制能力能够帮助运动员在击球时保持正确的身体姿势，从而提高击球的准确性。核心力量训练不仅关注力量的提升，还强调如何通过核心肌群的协调发力来优化身体姿势。这种优化不仅有助于提高击球的命中率，还能减少因姿势不当导致的运动损伤。通过核心力量训练，运动员可以在击球过程中保持更好的姿态，进而提高整体的击球表现。

在动态击球过程中，核心力量的调动是一个复杂而关键的过程。不同的击球技术对核心力量的要求各不相同，运动员需要根据具体的击球动作调整核心力量的应用。核心力量的有效调动能够帮助运动员在快速变化的比赛环境中保持稳定的击球表现。通过对核心力量的深入研究与实践，运动员可以在各种击球技术中找到最佳的力量应用方式，从而在比赛中占据优势。

核心力量训练对击球动作节奏的影响不可忽视。通过科学的核心力量训练，运动员可以改善击球的连贯性与流畅性。核心力量的提升不仅有助于增强击球的力度，还能使动作更加流畅自然。这种流畅性在比赛中尤为重要，因为它能够帮助运动员保持稳定的节奏，减少不必要的失误。研究表明，通过系统的核心力量训练，运动员可以在击球时保持更好的节奏，从而提高比赛表现。

结合核心力量与击球动作的反馈机制，可以通过视频分析等技术手段提升运动员的核心控制能力。视频分析能够直观地展现运动员在击球过程中的核心控制情况，从而为训练提供科学依据。通过反馈机制，教练可以更好地指导运动员进行有针对性的核心力量训练，提升其在击球时的控制能力。这种结合不仅提高了训练的效率，还能帮助运动员在实际比赛中更好地应用核心力量，取得优异的成绩。

（三）平衡垫训练应用

平衡垫训练通过在不稳定的表面上进行练习，能够有效地增强核心肌群的激活与稳定性。核心力量的提升对于网球运动员至关重要，因为它直接影响运动员在比赛中的表现。通过在平衡垫上进行各种动作练习，运动员可以在不稳定的状态下锻炼核心肌群，从而提高其在比赛中的稳定性和控制能力。这种训练方法不仅能增强核心力量，还能促进运动员在快速移动和变向时的身体稳定性。

平衡垫训练不仅局限于核心肌群的训练，还可以显著提高运动员的身体协调性。通过平衡垫训练，运动员可以更好地协调下肢与核心肌群之间的协同工作，这对于网球运动中的快速反应和动作转换至关重要。尤其是在面对复杂的比赛环境时，良好的身体协调性能够帮助运动员更有效地应对各种突发情况，保持最佳的竞技状态。此外，平衡垫训练还能提高运动员的动态平衡能力，使他们在比赛中能够更加自如地进行各种技术动作。

在网球比赛中，运动员的动态平衡能力是决定其表现的重要因素之一。通过平衡垫训练，运动员可以在快速移动和变向时保持良好的稳定性，从而提高击球时的准确性与力量输出。平衡垫上的不稳定性要求运动员在训练中不断调整身体姿态，这种动态调整能力的提升有助于运动员在比赛中更好地控制身体，提高击球的精确性和力量。通过不断的训练，运动员可以在比赛中表现出更高水平的技术能力和竞技状态。

为了充分发挥平衡垫训练的效果，制订个性化的训练计划是必不可少的。教练应根据运动员的技术特点和身体状况，为其设计合适的平衡垫训练方案。通过有针对性的调整与优化，运动员可以在训练中不断提升自身的核心力量和动态平衡能力。个性化的训练计划不仅能够提高训练的效率，还能帮助运动员在短时间内取得显著的进步。此外，针对不同运动员的需求，训练计划的调整也可以帮助他们更好地适应比赛中的各种挑战，提高整体竞技水平。

第二节　网球速度与灵敏素质训练的实践应用

一、起动速度训练

（一）预判反应练习

预判反应练习在网球训练中扮演着至关重要的角色，其核心目标是提高运动员对对手击球意图的识别能力。这种训练旨在提高运动员的起动速度和缩短反应时间，使其能够在瞬息万变的比赛中迅速作出正确的反应。通过设置不同的击球情境，运动员被置于多变的比赛环境中，要求他们快速判断并反应，从而提高其灵活性和适应能力。这种训练不仅是对身体素质的考验，也是对运动员心理素质和认知能力的全面挑战。

结合视频分析技术，预判反应练习的效果可以得到进一步的提升。运动员通过回顾比赛录像，分析自己的预判反应，能够清晰地了解自身的优缺点。这种自我反思的过程有助于运动员制订更为有针对性的改进方案，从而在训练中不断完善自己的技术和策略。视频分析不仅提供了直观的反馈，还为教练和运动员之间的沟通提供了有效的工具，使训练计划的制订更加科学和精确。

为了增加训练的趣味性和有效性，多种训练器材被引入预判反应练习中。例如，反应球和激光发射器等器材不仅可以模拟真实比赛中的击球情境，还能激发运动员的训练积极性。这些器材通过不同的刺激方式，挑战运动员的反应速度和判断能力，使训练过程更加丰富多样。通过这种多样化的训练手段，运动员的反应能力和起动速度得以全面提升。

在预判反应练习中，团队训练的设计也是必不可少的。通过模拟比赛场景，运动员不仅需要提高个人的反应速度，还需要与队友进行有效的配合。这种团队训练有助于提升运动员在实际比赛中的反应速度和团队协作能力。通过模拟真实比赛中的复杂情境，运动员能够在训练中积累经验，为比赛中可能出现的各种情况做好充分的准备。这种训练方法不仅提高了运动员的个体能力，也增强了整个团队的凝聚力和战斗力。

（二）短距离冲刺训练

短距离冲刺训练在网球体能训练中占据重要地位，其核心在于提升运动员在短时间内的起动速度和灵敏性。短距离冲刺训练的生物力学基础强调下肢肌肉在短时间内产生最大力量的机制，这对于网球运动员在比赛中的快速起动和变向尤为关键。通过理解肌肉收缩的动力学过程，教练可以更科学地设计训练计划，帮助运动员在短时间内爆发出更大的力量，从而提高在比赛中的表现。

在设计短距离冲刺训练的方法时，结合多种起跑姿势和起步技巧是提高运动员起动效率的关键。不同的起跑姿势，如站立式、俯卧式或侧卧式起跑，可以模拟比赛中的不同情境，帮助运动员在各种情况下迅速反应并起动。通过不断调整和优化起步技巧，运动员能够在短距离内达到更高的速度，增强在比赛中的竞争力。此外，反复练习这些技巧还有助于提高运动员的技术熟练度。

使用不同的训练器材，如阻力带和冲刺器，可以有效增强下肢力量并提高速度。这些器材通过增加运动员在冲刺过程中的阻力，迫使其在更高强度下进行肌肉收缩，从而提高肌肉的力量和耐力。阻力带的使用可以增加肌肉的负荷，而冲刺器则能模拟比赛中的实战场景，帮助运动员在高强度下保持良好的技术动作。这种训练方式不仅提高了运动员的速度，还能增强其在比赛中的耐力和稳定性。

结合短距离冲刺训练与灵敏度练习，可以显著提升运动员在快速移动中的方向变化能力和反应速度。灵敏度练习包括快速的方向变化、急停急起等动作，这些动作在网球比赛中频繁出现。通过将这两种训练结合，运动员能够在提高速度的同时，增强其在场地上的灵活性和反应能力，从而在比赛中占据主动。灵敏度的提升还可以帮助运动员更好地应对对手的战术变化。

在制订短距离冲刺训练计划时，必须依据运动员的体能水平和技术特点进行个性化调整，以确保训练的有效性与针对性。不同运动员在体能、技术和心理素质上存在差异，因此训练计划需要根据这些差异进行调整。通过个性化的训练计划，可以最大限度地发挥运动员的潜力，提高其在比赛中的综合能力。此外，定期评估和调整训练计划，可以帮助运动员持续进步，保持良好的竞技状态。

（三）多方向起动训练

在网球比赛中，运动员需要面对来自不同方向的击球和移动需求。因此，多方向起动训练的重要性不言而喻。多方向起动训练不仅能够提升运动员的灵活性和反应速度，还能帮助他们在比赛中迅速适应各种变化。通过系统的训练，运动员可以在赛场上更好地把握时机，快速调整步伐，以应对对手的各类击球策略。这样的训练对于提高运动员的整体竞技水平具有不可或缺的作用。

设计多方向起动训练的基本方法需要结合不同的起动角度和方向，以全面提升运动员的灵活性和反应速度。在训练过程中，可以设置多种起动方向，如前后、左右、斜向等，运动员需在短时间内完成起动并作出相应的移动。这种训练模式不仅考验运动员的身体素质，还要求他们具备良好的判断力和决策能力。通过不断的训练，运动员能够在比赛中更灵活地应对各种复杂的场面。

为了增强训练的趣味性和有效性，可以利用多种器械，如反应球和标志锥，进行多方向起动训练。这些器械的加入，使训练过程更具挑战性和趣味性，同时激发了运动员的参与积极性。反应球的不规则弹跳和标志锥的多样排列，要求运动员在训练中不断调整自己的步伐和策略，从而在无形中提升了他们的反应能力和移动速度。

结合多方向起动训练与实际比赛情境，是提升运动员即时反应能力的有效方法。通过模拟对手的击球方式，运动员可以在训练中体验到比赛中的真实压力和节奏。这种情境化的训练方式，不仅提高了运动员的技术水平，也增强了他们在比赛中应对突发情况的能力。运动员在赛场上能够更迅速地作出判断，并采取有效的应对措施。

制订个性化的多方向起动训练计划，是确保训练针对性和有效性的关键。根据运动员的技术特点和体能基础，教练可以调整训练的强度、频率和内容，以满足每位运动员的实际需求。个性化的训练计划不仅能帮助运动员更快地提高自身能力，还能有效避免训练过度带来的伤害风险。通过科学合理的训练安排，运动员能够在提高竞技水平的同时，保持良好的身体状态。

二、移动步法优化

（一）交叉步与滑步结合

交叉步与滑步结合是网球运动中极为重要的技术，能够显著提升运动员的场上移动能力。交叉步与滑步的基本动作要领在于保持身体重心的稳定，同时在移动时确保动作的协调性。交叉步通常用于快速而长距离的移动，而滑步则适合短距离的调整和微调。两者结合使用，可以在比赛中帮助运动员迅速调整姿态，保持身体的平衡与稳定，从而提高击球的准确性和速度。

在不同的击球情境下，交叉步与滑步的应用能够帮助运动员快速适应场上的变化。例如，当需要从底线快速移动到网前时，交叉步可以提供快速的推进力，而在接近网前时，滑步则有助于细微的调整和刹车。通过这种步法的灵活运用，运动员能够在场上保持最佳的移动状态，从而有效应对对手的各种击球策略，提高比赛的竞争力。

结合交叉步与滑步的训练，可以显著提高运动员在击球前的准备姿势与反应速度。在训练中，教练可以设计不同的场地和击球角度，模拟比赛中的真实情境，以增强训练的针对性与有效性。通过不断的练习，运动员可以在短时间内完成从准备到击球的过渡，提高整体的比赛节奏和攻击效率。

交叉步与滑步的训练方法需要结合不同的场地条件，以适应各种比赛环境。

训练时可以设置不同的移动路线和节奏，通过多样化的训练手段，帮助运动员掌握步法的变化和节奏的把控。通过这样的训练，运动员不仅能提高体能，还能在技术上得到更全面的提升，增强比赛时的应变能力。

（二）折返跑变向训练

折返跑变向训练是一项关键的体能训练方法，旨在提高网球运动员在场上的反应速度和灵活性。在训练中，运动员需要掌握基本的动作要领，尤其是在快速变向时对重心的控制和身体的协调性。重心控制是指运动员在变向时，必须保持身体的平衡，以防止失去速度或摔倒。身体的协调性则要求运动员能够在快速移动中，协调各个肢体的动作，实现高效的运动表现。这些能力的培养不仅有助于提高运动员的场上表现，还能减少运动损伤的风险。

设计折返跑变向训练的方法需要考虑起跑和变向的角度，以增强训练的针对性。通过改变起跑和变向的角度，运动员可以在不同的比赛情境下，练习快速反应和灵活移动。例如，可以设置不同的跑动路线和变向点，训练运动员在不同方向上的快速起动和急停能力。这样的多样化训练不仅能提高运动员的身体素质，还能增强他们在场上的应变能力，使其在面对不同对手和比赛状况时，能够迅速调整自己的战术。

在折返跑变向训练中，利用标志锥和反应球等器械，可以有效提升训练的趣味性和参与度。标志锥可以用来设置跑动路线，而反应球则可以用来模拟比赛中的不确定因素，要求运动员在训练中作出快速反应。这些器械的使用，不仅能增加训练的趣味性，还能提高训练的实际效率。运动员通过这样的训练，不仅能提高自身的速度和灵敏性，还能在训练中找到比赛的感觉，从而更好地将训练成果应用到实际比赛中。

结合折返跑变向训练与实际比赛情境，可以有效提高运动员的即时反应能力和应对能力。通过模拟对手的击球方式，运动员可以在训练中体验到比赛的紧张和压力，从而提高其在比赛中的心理素质和应变能力。这样的训练设置，能够帮助运动员在比赛中更快地作出反应，调整自己的位置和策略，以应对对手的变化。这种结合实际比赛情境的训练方法，不仅能提高运动员的技术水平，还能增强其在比赛中的自信心和竞争力。

制订个性化的折返跑变向训练计划，是确保训练有效性的关键。根据运动员的技术特点和体能基础，调整训练的内容和强度，可以提高训练的针对性和效率。例如，对于速度较快但灵敏性不足的运动员，可以增加变向训练的频率和难度；而对于灵敏性较好但速度不足的运动员，则可以增加速度训练的强度。这样的个性化训练计划，能够帮助运动员在短时间内改进自身的不足，从而全面提升其在比赛中的表现。

（三）小步快频调整

小步快频调整在网球运动中扮演着关键角色，其基本概念在于如何通过快速的小步伐实现频繁的方向调整，以提高运动员的反应速度和灵活性。这种技术强调在快速移动中，通过小而快的步伐调整方向，帮助运动员在场上保持灵活性和适应性。小步快频调整不是步法的简单快速移动，而是对运动员反应能力和身体协调性的全面考验。通过这种步法，运动员能够在瞬息万变的比赛中迅速作出反应，提高比赛中的应变能力。

在网球比赛中，小步快频调整的应用尤为重要。网球场上的每一次击球都可能伴随方向的快速变化，小步快频调整帮助运动员迅速适应场上变化，保持身体平衡和重心稳定。这种调整能力使运动员能够在击球前迅速调整步伐，确保最佳的击球位置和姿势。通过小步快频调整，运动员不仅能提高击球的准确性，还能在对手意想不到的方向上作出快速反应，从而占据比赛的主动权。

小步快频调整的训练方法多种多样，通常结合敏捷梯和标志锥等器械进行。通过这些器械的辅助，设计出多样化的练习，以增强运动员的步伐灵活性。敏捷梯训练可以提高运动员的步伐速度和协调性，而标志锥训练则有助于提高方向变化的灵敏度。通过这些有针对性的训练，运动员能够在短时间内显著提高小步快频调整的能力，从而在比赛中表现出色。

在网球比赛中，击球时机的把握至关重要。小步快频调整对击球时机的把握有着直接的影响。通过快速的小步伐调整，运动员能够更好地控制击球的准确性和力量输出。步伐的灵活调整使运动员可以在击球前迅速找到最佳的击球点，确保每一次击球都能发挥出最大的力量和精确度。这不仅提高了击球的质量，也增强了运动员在比赛中的信心和表现。

三、灵敏性提升

（一）绳梯训练组合

绳梯训练组合在网球体能训练中扮演着重要的角色，通过一系列基本动作要领，强调步伐的快速性和准确性。这种训练方法的核心在于提高运动员的灵活性和协调性，使其能够在场上迅速作出反应。绳梯训练的基本动作包括快速脚步移动、变向和跨步，这些动作不仅要求运动员在短时间内完成，还需保持高度的精确性，以确保动作的有效性。通过反复的练习，运动员可以在比赛中更好地掌握身体的控制能力，从而在激烈的对抗中占据主动。

结合不同的绳梯训练组合，可以设计出多样化的练习方案，以增强运动员在场上的反应速度和适应能力。这些组合通常包括多种步伐变化，如前后移动、侧向跨步和旋转步伐等，通过不断变化的训练模式，运动员能够更好地适应不同的比赛节奏和对手的战术变化。多样化的练习不仅可以提高运动员的身体素质，还能增强其心理应对能力，使其在面对突发情况时能够迅速作出正确判断。

绳梯训练在提升运动员敏捷性方面的应用尤为显著，帮助运动员在快速移动中保持身体平衡和重心稳定。这种训练方法强调在高速度下的身体控制，通过不断的练习，运动员能够在比赛中更好地掌握身体的平衡，从而在快速移动和突然变向时保持稳定。平衡和重心的稳定性是网球运动中至关重要的因素，因为它直接影响运动员的击球质量和场上表现。

通过绳梯训练，运动员不仅可以提高灵敏性，还能强化下肢力量与耐力，促进其在比赛中的快速起动和变向能力。下肢力量的增强有助于运动员在比赛中更快地起动和加速，而耐力的提升则使其能够在长时间的比赛中保持高水平的表现。这种训练方法通过多次重复和高强度的练习，逐步提高运动员的身体素质，使其在比赛中具备更强的竞争力。

制订个性化的绳梯训练计划是确保训练针对性和有效性的关键。根据运动员的技术特点和体能基础进行调整，可以更好地满足其个体需求。个性化的训练计划不仅可以提高训练效率，还能有效避免运动损伤的发生。通过科学的评估和合理的规划，教练可以为每位运动员量身定制最适合其发展的训练方案，确保其在体能和技术上的全面提升。

（二）障碍物变向训练

障碍物变向训练作为提升灵敏性的重要方法，强调运动员在面对障碍物时的灵活性和反应能力。这种训练方法不仅能提高运动员在比赛中的应对能力，还能增强他们的整体运动表现。障碍物变向训练的基本概念在于，通过设置不同的障碍物，让运动员在快速移动中进行方向的改变，从而提升其身体的协调性和反应速度。通过这种训练，运动员能够在比赛中更迅速地作出反应，适应不同的比赛节奏和对手的变化。

为了增加训练的趣味性和挑战性，设计多样化的障碍物变向训练课程是至关重要的。结合不同类型的障碍物，如标志锥和障碍架，可以模拟各种比赛情境，帮助运动员在训练中保持高度的专注和积极性。这些多样化的障碍物设置不仅能提高训练的趣味性，还能促使运动员在面对不同的挑战时，保持灵活的思维和迅速的反应能力。通过不断变化的训练环境，运动员的适应能力和应变能力也会得到显著提升。

障碍物变向训练不仅是身体素质的训练，还是对运动员空间意识和身体控制能力的全面提升。在复杂的场景下，运动员需要快速反应并准确移动，这要求他们具备良好的空间感知能力和身体协调性。通过这种训练，运动员能够更好地掌握身体的重心移动和方向转换，确保在比赛中能够快速调整步伐和位置，以应对对手的变化和比赛的节奏。这样的训练不仅提高了运动员的身体素质，也增强了他们在比赛中的综合表现能力。

结合障碍物变向训练与实际比赛情境，可以模拟对手的击球方式，帮助运动员提高在比赛中的即时反应能力和决策能力。这种模拟训练让运动员在面对真实比赛时，能够更快速地作出反应和决策，减少因反应迟缓而导致的失误。通过在训练中不断模拟比赛情境，运动员能够在比赛中更自信地应对各种挑战，提升比赛的胜率和表现。

制订个性化的障碍物变向训练计划是确保训练有效性与针对性的关键。根据运动员的技术特点和体能基础进行调整，可以使训练更具个性化和针对性。通过分析每个运动员的优势和不足，教练可以为他们制订专属的训练计划，确保每次训练都能达到最佳效果。这样的个性化训练不仅能提高运动员的灵敏性，还能增强他们的自信心和比赛表现，让他们在赛场上发挥出最佳水平。

（三）随机移动反应

随机移动反应作为灵敏性提升的关键训练方法，强调运动员在面对不确定性情况下的快速反应能力。这种能力不仅能够提高运动员的比赛应变能力，更能在关键时刻帮助他们作出最佳决策。随机移动反应训练的基本概念在于通过模拟比赛中的突发情况，使运动员习惯于在高压环境下保持冷静，并迅速作出反应。这种训练方法要求运动员在面对各种不确定因素时，能够迅速调整自己的身体姿态和移动方向，以确保在最短的时间内作出有效的应对。

为了提升运动员的灵活性和适应能力，设计多样化的随机移动反应训练课程是至关重要的。这些课程应结合不同的击球情境和方向变化，模拟比赛中可能出现的各种复杂情况。例如，可以在训练中设置多种方向的击球任务，要求运动员在不确定的情况下迅速作出反应，并完成击球动作。这种训练不仅能够提高运动员的身体协调性和灵活性，还能增强他们的战术意识，使他们在比赛中能够更好地预判对手的动作并作出快速反应。

为了增加训练的趣味性和挑战性，使用反应球、激光发射器等器械是一个有效的方法。这些器械能够模拟比赛中的突发情况，并通过不规则的移动轨迹和速度变化，激发运动员的积极性和参与感。通过这种方式，运动员在训练中不仅能提高反应速度和灵活性，还能享受到训练的乐趣，避免枯燥的重复性练习。此外，这种具有挑战性的训练方式能够激发运动员的竞争意识，使他们在训练中更加投入，从而达到更好的训练效果。

结合视频分析技术，运动员可以回顾和分析其在随机移动反应训练中的表现。这种技术能够帮助运动员识别自身的改进点，优化反应速度。通过视频回放，运动员可以清楚地看到自己的动作细节，并根据分析结果进行有针对性的训练。教练也可以通过视频分析，制订更为有效的训练计划，并在训练过程中给予运动员个性化的指导。这种方式不仅能够提高训练的科学性和有效性，还能帮助运动员在短时间内取得显著的进步。

制订个性化的随机移动反应训练计划是确保训练有效性与针对性的关键。根据运动员的技术特点和体能基础进行调整，能够使训练更加符合个人需要。每位运动员的身体条件和技术水平都不尽相同，因此在制订训练计划时，需要充分考虑这些因素，以确保训练能够最大限度地发挥其作用。个性化的训练计划能够帮助运动员在训练中更快地提高自身能力，并在比赛中有更好的表现。通过科学合理的训练安排，运动员能够在短时间内提升自身的灵敏性和反应速度，为比赛中的优异表现奠定坚实的基础。

第三节　网球耐力素质训练的周期安排与监控

一、有氧耐力基础

（一）长距离低强度跑

长距离低强度跑是提升网球运动员有氧耐力的有效方法。这种训练能够显著增强运动员的心肺功能，使其在比赛中具备持久的体力，能够更好地应对长时间的比赛压力。通过这种训练，运动员的心脏和肺部在长时间的低强度运动中得到锻炼，心脏血液输出量和肺活量显著提高，进而增强全身的氧气输送能力。这种训练方式还可以有效地增强运动员在比赛中保持高强度表现的能力，帮助他们在关键时刻不易出现体力不支的情况。

长距离低强度跑能够改善肌肉的氧气利用率，从而提升整体运动表现。通过持续的低强度跑步，肌肉纤维对氧气的吸收和利用能力得到提高，这对于网球运动员在比赛中保持快速移动和敏捷反应至关重要。肌肉在氧气供应充足的情况下，能够更有效地进行能量代谢，减少乳酸的积累，从而延缓疲劳的产生。这种肌肉耐力的提升使运动员在比赛中能够更长时间地维持高水平的竞技状态。

长距离低强度跑还可以促进脂肪的代谢，增强运动员的耐力基础，同时帮助降低体重和体脂率。在长时间的低强度运动中，身体逐渐转向脂肪作为主要的能量来源，这不仅有助于提高耐力，还能有效控制体重。对于网球运动员而言，保持适宜的体重和较低的体脂率有助于提高敏捷性和速度。通过这种训练方式，运动员能够在不增加肌肉负担的情况下，提高自身的竞技水平。

这种训练方式作为网球训练的补充，能够帮助运动员在高强度训练后恢复体力，减少疲劳感。长时间的低强度跑步有助于促进血液循环，加速代谢产物的清除，缓解肌肉的紧张和酸痛感。通过科学合理的训练安排，运动员可以在高强度训练后，通过低强度的有氧训练进行积极恢复，降低受伤风险，保持良好的竞技状态。

长距离低强度跑的训练频率和时长应根据运动员的体能状况进行个性化调整，以确保训练的有效性和安全性。不同运动员的体能基础和恢复能力不同，因此在制订训练计划时，应充分考虑个体差异。通过合理的训练安排，运动员可以在安全的前提下，逐步提高耐力水平，达到最佳的训练效果。科学的训练监控和反馈机制将有助于及时调整训练计划，确保运动员在最佳状态下进行比赛。

（二）间歇跑训练安排

间歇跑训练是一种通过高强度与低强度交替进行的训练模式，旨在提高运动员的有氧和无氧耐力。其基本概念是利用短时间的高强度跑步与低强度的恢复期交替进行，以此来增强心肺功能和肌肉的耐力。这种训练方法不仅帮助运动员在比赛中保持较高的速度和强度，还能有效提高其整体耐力水平。通过科学的训练安排，运动员能够在短时间内获得显著的体能提升，进而在比赛中占据优势。

设计间歇跑训练的具体方案时，需要精确设定高强度跑与恢复期的时间比例，以确保训练的有效性与针对性。通常，高强度跑的时间控制在30秒至2分钟之间，而恢复期则根据运动员的体能水平和训练目标进行调整。合理的时间安排能够使运动员在训练中达到最佳的心率区间，从而有效提升其心肺功能。通过不断调整高低强度的时间比例，训练方案能够灵活适应不同阶段的训练需求，帮助运动员逐步提高耐力素质。

间歇跑训练的实施方式需要结合具体的场地条件与运动员的体能水平。训练时，可以利用标准田径场或其他适合跑步的场地，根据场地的具体情况调整跑步的速度和时间。对于体能水平较高的运动员，可以增加高强度跑的速度或缩短恢复期，以提高训练的挑战性。相反，对于运动员或体能较弱的运动员，则需要适当降低强度，以避免过度训练带来的身体损伤。通过个性化的训练安排，运动员能够更有效地提高耐力素质。

在间歇跑训练过程中，监测生理指标如心率和乳酸水平是评估训练效果的重要手段。心率监测能够帮助教练和运动员了解训练强度是否达到预期目标，并及时进行调整。乳酸水平的监测则可以评估运动员的无氧代谢能力，从而判断训练是否有效地提高了运动员的耐力素质。通过科学的监控手段，教练可以根据运动员的生理反馈进行个性化的训练调整，确保训练的安全性和有效性。

间歇跑训练后，适当的恢复策略至关重要。训练后的拉伸可以有效缓解肌肉的紧张感，减少运动损伤的风险。同时，合理的营养补充有助于加快运动员的恢复速度，提高整体表现。蛋白质和碳水化合物的摄入可以帮助修复肌肉组织，补充能量储备。通过科学的恢复策略，运动员不仅能够更快地恢复体能，还能在后续的训练中保持更高的表现水平，达到事半功倍的效果。

（三）心率监控标准

心率监控标准在网球耐力素质训练中扮演着至关重要的角色。心率监控的基本原则是通过在训练前后测量静息心率和训练心率，来评估运动员的心肺适应能力。这种评估方法不仅能够帮助教练和运动员了解当前的体能状态，还能为制订更为科学的训练计划提供数据支持。通过对静息心率的监测，可以判断运动员的基础心肺功能，而训练心率则反映了运动员在特定训练强度下的心肺适应情况。心率监控的基础在于准确的数据采集和分析，这需要教练具备一定的专业知识和技术手段。

1. 设定个性化的心率训练区间

根据每位运动员的最大心率和目标训练效果，教练可以为其量身定制适合的心率区间。这种个性化的训练安排不仅有助于提高训练效率，还能有效防止运动员在训练中出现过度疲劳或训练不足的情况。最大心率通常通过运动测试来确定，而目标训练效果则根据运动员的比赛需求和体能发展目标来设定。个性化的心率训练区间可以帮助运动员在安全的范围内提高有氧耐力，并为后续的训练计划提供科学依据。

2. 使用心率监测设备实时跟踪运动员的心率变化

使用心率监测设备可以帮助教练及时调整训练强度，避免运动员陷入过度训练或不足训练的误区。实时心率监测能够为教练提供即时反馈，使其能够根据运动员的实际状态进行训练强度的动态调整。这种实时监测不仅提高了训练的安全性，也使训练计划的执行更加灵活和精准。通过对心率变化的实时监测，教练可以更好地掌握运动员的训练状态，从而优化训练效果。

3. 分析训练期间心率的恢复速度

心率恢复速度快通常意味着运动员具备较好的恢复能力，而恢复速度慢则可能提示需要调整训练计划以避免过度疲劳。通过对心率恢复速度的分析，教练可以更好地理解运动员的体能状态，并据此优化后续的训练安排。心率恢复速度的监测需要结合其他生理指标，如乳酸浓度和主观疲劳感受，以形成全面的评估体系。这种多维度的分析可以帮助教练更准确地把握运动员的训练负荷和恢复状态。

4. 定期记录和评估心率数据

结合其他生理指标，心率数据能够为教练提供运动员体能发展的全景视图。通过长期的数据积累和分析，教练可以识别运动员体能发展的趋势和潜在问题，从而制订更为科学的训练计划。心率监测不仅是评估当前训练效果的工具，也是促进运动员长期发展的重要手段。通过对心率数据的系统分析，教练可以为运动员的体能发展提供科学指导，确保其在训练和比赛中始终保持最佳状态。

二、无氧耐力强化

（一）短时间高强度冲刺

短时间高强度冲刺是提升网球运动员无氧耐力的关键训练手段之一。其生物力学基础强调下肢肌肉在瞬间发力中的作用与协调性。在这一过程中，肌肉纤维的快速收缩和能量的瞬间释放至关重要。通过强化下肢肌肉的爆发力与协调性，运动员能够在比赛中更有效地进行快速移动和突然加速。这种训练不仅要求运动员具备良好的肌肉力量，还需要其在高强度运动中保持动作的精准性和协调性，以实现最佳的运动表现。

设计短时间高强度冲刺训练的方法需结合不同的起跑姿势和起步技巧，以提高运动员的起动效率。起跑姿势的选择与起步技巧的运用直接影响运动员的加速能力和速度转换。因此，在训练中，教练应根据运动员的身体条件和技术特点，设计多样化的起跑练习。这包括正面起跑、侧面起跑以及背面起跑等多种形式，目的是提高运动员的反应速度和起步爆发力，从而在比赛中占据主动。

短时间高强度冲刺训练的实施方式需要合理安排训练强度与恢复时间，以确保训练效果的最大化。过高的训练强度可能导致运动员过度疲劳和受伤，而过长的恢复时间又会影响训练的连续性和效果。因此，教练在制订训练计划时，应根据运动员的体能状态和训练目标，科学地安排训练负荷和休息时间，确保运动员在最佳状态下进行训练，从而提高其无氧耐力和整体竞技水平。

使用不同的训练器材，如阻力带、冲刺器等，可以有效增强运动员的下肢力量和速度，提升其运动表现。这些器材通过增加运动阻力，迫使运动员在更高的负荷下进行训练，从而刺激肌肉的生长和力量的提升。在训练中，教练应根据运动员的实际需求，选择合适的器材和训练强度，以达到最佳的训练效果。此外，定期更换训练器材和方式，可以避免训练的单调性，提高运动员的训练积极性。

制订个性化的短时间高强度冲刺训练计划是确保训练有效性与针对性的关键。每位运动员的体能水平和技术特点各不相同，因此，教练在制订训练计划时，应充分考虑这些个体差异，进行有针对性的调整。这不仅有助于提高训练的效率，还能帮助运动员在训练中保持高水平的参与度和积极性，从而在比赛中发挥出最佳状态。个性化的训练计划还需定期进行评估和调整，以适应运动员不断变化的体能状态和训练需求。

（二）多组重复训练法

多组重复训练法在网球耐力素质训练中扮演着重要角色。它通过高强度的重复动作来增强运动员的肌肉耐力，尤其是在短时间内提高瞬时爆发力。该方法强调在每组之间设置适当的休息时间，以确保运动员在每次重复中保持高水平的表现，这样可以避免疲劳对训练效果的负面影响。通过合理安排休息时间，运动员能够在训练中保持最佳状态，从而有效提升整体耐力素质。

在多组重复训练法中，训练内容可以根据特定的技术动作进行设计，使运动员在训练中反复练习关键的击球技术。这种方法不仅有助于提高运动员的技术稳定性和准确性，还能在高强度条件下强化其执行特定动作的能力。通过有针对性的设计训练内容，运动员能够在比赛中更自如地运用这些技术，从而在关键时刻发挥出色。

多组重复训练法的实施通常结合不同的训练器材，如阻力带和重物等，这样可以增加训练的多样性和挑战性。使用不同的器材可以模拟比赛中的多种情境，提高运动员的适应能力。此外，这种多样化的训练手段能够激发运动员的兴趣，避免训练过程中的单调感，使他们更积极地投入训练中，进而提高训练效率。

为了确保多组重复训练法的有效性与针对性，教练需要定期评估运动员在训练中的表现数据。通过对这些数据的分析，教练可以更好地了解运动员的进步情况，并据此调整训练的强度和内容。这种动态调整不仅能确保训练的有效性，还能帮助运动员在不同阶段达到最佳训练效果，从而在比赛中展现出更强的耐力素质。

（三）血乳酸阈值控制

血乳酸阈值是指运动员在运动过程中乳酸开始快速积累的临界点。理解这一概念对于优化运动员的耐力和表现至关重要，因为它标志着有氧代谢向无氧代谢的过渡。通过控制和提高血乳酸阈值，运动员可以在较高强度下保持更长时间的运动而不感到疲惫，这对于网球比赛中的长时间高强度对抗尤为重要。

为了有效地控制血乳酸阈值，首先需要通过科学的运动测试来确定每位运动员的具体数值。这些测试通常包括渐增负荷的跑步或骑行测试，以观察乳酸生成与清除的动态变化。根据测试结果，教练可以设计出不同强度的训练方案，以便在运动员的乳酸阈值附近进行强化训练。这种训练不仅可以提高运动员的乳酸清除能力，还能增强其在高强度运动中的耐力表现。

个性化的训练计划是提高运动员表现的关键。结合血乳酸阈值控制，教练可以为每位运动员制定适合其生理特征的训练强度与恢复策略。这种个性化的训练方法不仅能够优化运动员的体能，还能有效避免因过度训练而导致的运动损伤。通过合理的训练安排，运动员可以在比赛中保持最佳状态，提高整体表现。

在训练过程中，利用血乳酸监测工具可以实时跟踪运动员的生理反应。这些工具能够帮助教练确保运动员的训练强度处于最佳的生理范围内，从而避免过度训练的风险。实时监控还可以提供即时反馈，帮助教练及时调整训练强度和恢复策略，以确保运动员的身体状态始终保持在最佳水平。

为了持续提高运动员的耐力水平和技术稳定性，定期评估和调整训练计划是必不可少的。教练应根据运动员的血乳酸阈值变化来调整训练内容，确保训练计划的科学性和有效性。这种动态调整不仅能促进运动员的耐力提升，还能帮助其在技术动作上保持稳定性，从而在比赛中占据优势。通过科学的监控和调整，运动员可以在激烈的网球比赛中展现出更强的竞争力。

三、专项耐力结合

（一）多球连续跑动训练

多球连续跑动训练在网球训练中扮演着至关重要的角色，其基本概念是通过快速移动和反复击球来提高运动员的耐力和反应能力。这种训练方法不仅能提升运动员的体能素质，还能在高强度的比赛中保持稳定的表现。多球连续跑动训练强调运动员在不断变化的场景中快速适应，要求运动员在短时间内完成大量的移动和击球，从而提高其综合竞技能力。通过这一训练，运动员能够更好地应对比赛中的不确定性，提升击球的准确性和稳定性。

设计多球连续跑动训练的具体方案需要考虑多种因素，包括不同类型的击球和移动组合。训练方案通常会结合正手、反手、截击等多种击球方式，以及前后左右的移动路线，以增强训练的针对性和有效性。通过这种多样化的训练组合，运动员不仅能够提高击球技术，还能锻炼其在场地上的机动性和灵活性。

训练方案的设计应根据运动员的具体需求和能力水平进行调整，以确保每次训练都能达到预期的效果。

在多球连续跑动训练中，通过设置不同的球速和落点，可以有效训练运动员在变化的场景中快速适应。教练可以利用发球机或人工发球来模拟比赛中的各种情况，使运动员在训练中体验到比赛的真实感。这样的训练方式有助于提高运动员的反应速度和决策能力，确保在比赛中能够迅速判断和调整击球策略。通过不断挑战运动员的适应能力，能够显著提升其击球的准确性和稳定性。

结合多球连续跑动训练与体能训练，可以显著提升运动员的心肺耐力和下肢力量。心肺耐力是运动员在长时间高强度比赛中保持良好竞技状态的关键，而下肢力量则直接影响运动员的移动速度和爆发力。在训练中，教练可以通过增加训练强度和延长训练时间来提高运动员的心肺耐力，同时通过力量训练来增强下肢肌肉的力量和耐力。这种综合训练方法能够确保运动员在比赛中始终保持高水平的表现。

制订个性化的多球连续跑动训练计划是确保训练有效性和安全性的关键。每位运动员的技术特点和体能基础不同，因此训练计划需要根据个体差异进行调整。教练应根据运动员的具体情况，合理安排训练的强度、频率和内容，以避免过度训练带来的伤害风险。个性化的训练计划不仅能提高训练的针对性，还能激发运动员的训练积极性，帮助其在短时间内取得显著进步。通过科学合理的训练安排，运动员能够在比赛中展现出最佳的竞技状态。

（二）战术对抗耐力测试

战术对抗耐力测试是评估网球运动员在高强度比赛环境中耐力表现的重要手段。测试的设计原则强调模拟真实比赛环境，以确保测试结果的准确性和实用性。在比赛中，运动员不仅需要具备良好的体能，还需要在高强度对抗中保持战术执行的准确性。因此，测试的设计必须全面涵盖比赛中可能遇到的各种情况，以评估运动员的耐力和战术执行能力。

测试内容的多样性是确保全面评估运动员能力的关键。测试应包括不同的击球技术和战术组合，如底线对拉、网前截击和上旋球等。这些技术和战术的组合不仅考验运动员的技术水平，也能有效评估其在比赛中的应对能力和持久性。通过这种多样化的测试内容，教练可以更全面地了解运动员的综合能力，进而制订更为精准的训练计划。

个性化的测试方案是提高测试针对性和有效性的保证。根据每位运动员的技术特点和体能水平，制订相应的测试方案，以确保测试结果的准确性。个性化方案的制订需要考虑运动员的优劣势，针对其薄弱环节进行重点测试，从而获得更具针对性的评估结果。这种方法不仅提高了测试的科学性，也为后续的训练计划制订提供了有力依据。

测试数据的分析方法是评估运动员战术对抗耐力水平的基础。通过监测运动员在测试中的心率、击球成功率和移动效率等数据，教练可以全面了解运动员在高强度对抗中的实际表现。这些数据不仅反映了运动员的体能状况，也揭示了其在比赛中可能出现的问题，为后续训练提供了重要参考。

基于测试结果制订相应的训练计划，是提高运动员战术对抗耐力的关键。通过分析测试数据，教练可以识别运动员的薄弱环节，并有针对性地调整训练重点。这种基于数据的训练计划能够有效提高运动员的整体耐力和比赛表现，帮助他们在高强度的比赛中保持竞争力。

（三）疲劳状态下技术稳定性

疲劳状态下技术稳定性不仅是体能的考验，也是运动员心理韧性的体现。运动员在疲劳状态下，如何保持技术动作的稳定性，是一个需要综合考虑生理和心理因素的问题。疲劳对运动表现的生理影响显著，肌肉疲劳会导致技术动作的失误和不稳定，运动员需要通过自我调节能力来应对这种挑战。在比赛中，运动员需要具备良好的心理韧性，以便在体能下降时，依然能够保持技术动作的精准度和稳定性。

在疲劳状态下，运动员的心理韧性对技术稳定性有着直接影响。强调自我调节能力在比赛中的重要性，运动员需要通过训练提高心理韧性，以便在疲劳时能迅速调整心态，保持技术动作的稳定性。这种能力不仅依赖日常的训练积累，还需要在比赛中不断实践和反思。运动员在疲劳状态下，往往会面临心理和生理的双重压力，因此，培养良好的自我调节能力是提高技术稳定性的关键。通过心理训练，运动员可以在疲劳时保持冷静，合理应用战术，降低技术失误的风险。

疲劳对运动员运动表现的生理影响是不可忽视的。肌肉疲劳会导致技术动作的不稳定，尤其是在高强度的比赛中，运动员需要时刻警惕肌肉疲劳带来的影响。为此，研究如何在疲劳状态下调整击球技术以保持表现是一项重要的课题。技术动作的简化策略可以帮助运动员在疲劳状态下提高表现，通过对技术动作的优化和简化，运动员可以在体能下降时依然保持较高的技术水平。这样的策略需要在训练中不断实践和调整，以确保在比赛中能够有效应用。

恢复与调整技术的训练方法在疲劳后的技术练习中尤为重要。强调在疲劳后进行适当的技术练习，可以帮助运动员提高技术稳定性。在疲劳状态下，运动员需要通过特定的训练方法来恢复体能，同时调整技术动作，以便在下一次比赛中有更好的表现。这样的训练方法需要科学的设计和严格的执行，以确保能够有效提高运动员的技术稳定性和整体表现。

比赛中疲劳状态下的战术选择同样至关重要。运动员需要分析如何合理应用战术，以降低技术失误的风险。在疲劳状态下，运动员的体能和技术动作都会受到影响，因此，合理的战术选择可以帮助运动员在体能下降时依然保持优势。通过对比赛形势的分析和判断，运动员可以选择适合的战术策略，以便在疲劳状态下依然能够取得良好的比赛成绩。这需要运动员具备良好的战术意识和快速的决策能力，以便在比赛中灵活应对各种情况。

参考文献

[1] 蒋荣琴. 现代网球教学创新与体系构建研究 [M]. 长春：吉林大学出版社，2021.

[2] 杜宾. 高校网球运动教学理论分析与方法创新研究 [M]. 长春：吉林大学出版社，2021.

[3] 金炜. 高校网球教学理论与技能训练研究 [M]. 西安：陕西师范大学出版总社，2024.

[4] 孙立红. 高校网球教学理论与实践研究 [M]. 长春：吉林出版集团股份有限公司，2023.

[5] 周光德，支玮. 高校网球运动教学分析与创新 [M]. 北京：中国纺织出版社，2022.

[6] 李欢. 网球运动的教学与训练实践研究 [M]. 成都：电子科技大学出版社，2020.

[7] 孟良. 网球运动开展与教学系统创新研究 [M]. 长春：吉林大学出版社，2020.

[8] 张雨刚. 高校网球运动文化建设与技能教学研究 [M]. 长春：吉林大学出版社，2021.

[9] 上官戎. 现代网球教学与训练 [M]. 长沙：湖南大学出版社，2024.

[10] 张丹. 科技助力下的网球教学与训练研究 [M]. 广州：中山大学出版社，2022.

[11] 林启勇. 现代信息技术与网球教学融合探究 [M]. 长春：吉林大学出版社，2020.

[12] 杨桂志. 网球技巧和教学：技与力的共舞 [M]. 北京：中国戏剧出版社，2025.

[13] 夏磊. 网球运动的教学与训练实践研究 [M]. 长春：吉林出版集团股份有限公司，2024.

[14] 胡锐. 高校网球运动理论与教学实践 [M]. 成都：电子科技大学出版社，2023.

[15] 李明芝. 现代网球运动教学方法与模式研究 [M]. 昆明：云南人民出版社，2020.

[16] 乔冰. 教学·训练·竞赛：现代网球运动多维探究 [M]. 北京：中国经济出版社，2021.